# DIANA PALMER

## *El camino* MÁS LARGO

Editado por HARLEQUIN IBÉRICA, S.A.
Núñez de Balboa, 56
28001 Madrid

© 2011 Diana Palmer
© 2015 Harlequin Ibérica, S.A.
El camino más largo, n.º 188 - 1.3.15
Título original: Wyoming Tough
Publicada originalmente por HQN™ Books
Traducido por Carlos Ramos Malave

Todos los derechos están reservados incluidos los de reproducción, total o parcial. Esta edición ha sido publicada con autorización de Harlequin Books S.A.
Esta es una obra de ficción. Nombres, caracteres, lugares, y situaciones son producto de la imaginación del autor o son utilizados ficticiamente, y cualquier parecido con personas, vivas o muertas, establecimientos de negocios (comerciales), hechos o situaciones son pura coincidencia.
® Harlequin, TOP NOVEL y logotipo Harlequin son marcas registradas por Harlequin Enterprises Limited.
® y ™ son marcas registradas por Harlequin Enterprises Limited y sus filiales, utilizadas con licencia. Las marcas que lleven ® están registradas en la Oficina Española de Patentes y Marcas y en otros países.
Imagen de cubierta utilizada con permiso de Harlequin Enterprises Limited. Todos los derechos están reservados.

I.S.B.N.: 978-84-687-5630-1

# CAPÍTULO 1

A Edith Danielle Morena Brannt no le impresionaba su nuevo jefe. El mandamás del Rancho Real, cerca de Catelow, Wyoming, era grande, dominante y con un mal carácter que compartía con todos sus empleados.

A Morie, como la conocían sus amigos, le costaba trabajo contener su temperamento acalorado cuando Mallory Dawson Kirk levantaba la voz. Era impaciente, terco y prejuicioso. Igual que el padre de Morie, que se había opuesto a su decisión de convertirse en vaquera. Su padre se oponía a todo. Ella le había dicho que iba a encontrar un trabajo, había hecho la maleta y se había marchado. Tenía veintitrés años. Su padre no podía detenerla legalmente. Su madre, Shelby, había intentado razonar con ella. Su hermano, Cort, lo había intentado también, aunque con menos suerte aún. Morie quería a su familia, pero estaba cansada de que la valorasen por su parentesco y no por lo que era de verdad. Ser una desconocida en la propiedad de otra persona le ofrecía una perspectiva fascinante. Incluso con el mal carácter de Mallory, disfrutaba haciéndose pasar por una chica pobre y sola en el mundo. Además, deseaba aprender a trabajar en un rancho y su padre se negaba hasta a permitirle levantar una cuerda en su rancho. No quería que se acercara a su ganado.

—Y otra cosa —dijo Mallory secamente girándose hacia Morie—. Hay un lugar en el que colgar las llaves cuando se ha terminado de usarlas. Nunca se saca una llave del establo ni se deja en el bolsillo. ¿Queda claro?

Morie se sonrojó, porque de hecho se había llevado en el bolsillo la llave de la sala principal de monturas en una ocasión en que era extremadamente necesario.

—Lo siento, señor —dijo con rigidez—. No volverá a ocurrir.

—Así es, si quieres seguir trabajando aquí —le aseguró él.

—Fue culpa mía —dijo el capataz, el viejo Darby Hanes, con una sonrisa—. Se me olvidó decírselo.

Mallory se quedó pensando y asintió con la cabeza.

—Eso es lo que siempre me ha gustado de ti, Darb, que eres sincero —se volvió hacia Morie—. Un ejemplo que espero que sigas, siendo la última empleada en llegar aquí, por cierto.

A ella se le puso la cara roja.

—Señor, nunca me he llevado nada que no me perteneciera.

Él se quedó mirando su ropa barata, el dobladillo rasgado de sus vaqueros y sus botas gastadas. Pero no la juzgó. Simplemente asintió.

Tenía el pelo negro y espeso, con la raya a un lado y un poco greñudo alrededor de las orejas. Tenía unas orejas grandes y una nariz grande, unos ojos marrones, unas cejas pobladas y una boca tan sensual que Morie no había podido apartar la mirada de ella al principio. Esa boca compensaba que no fuera guapo de la manera convencional. Tenía las manos grandes y bien arregladas, y una voz profunda y aterciopelada, así como unos pies grandes, metidos en unas botas viejas cubiertas de polvo. Era el jefe y nadie se olvidaba de ello, pero trabajaba junto a sus hombres como si fuera un empleado más.

De hecho los tres hermanos Kirk eran así. Mallory era el mayor, con treinta y seis años. El segundo, con treinta y cuatro años, se llamaba Cane; una gran coincidencia, teniendo en cuenta el apellido de soltera de la madre de Morie, aunque el suyo se escribiera con K. Era veterano de la segunda Guerra del Golfo y había perdido un brazo por encontrarse en el frente en combate. Estaba luchando contra un problema de alcoholismo y en proceso de terapia.

El más joven, con treinta y un años, era Dalton. Era un antiguo agente fronterizo del departamento de inmigración y su mote era, por alguna extraña razón, Tanque. Se había enfrentado él solo a una banda de narcotraficantes en la frontera de Arizona. Recibió varios disparos y estuvo hospitalizado semanas, durante las cuales casi todos los médicos le dieron por muerto debido a la gravedad de las lesiones. Todos quedaron perplejos cuando sobrevivió. En cualquier caso, dejó el trabajo y volvió al rancho familiar en Wyoming. Nunca hablaba de la experiencia. Pero en una ocasión Morie le había visto echarse al suelo al oír el petardeo de una vieja furgoneta del rancho. Ella se había reído, pero el viejo Darby Hanes la había hecho callar y le había contado el pasado de Dalton como agente fronterizo. Después no había vuelto a reírse de su extraño comportamiento. Suponía que tanto Cane como él tenían cicatrices mentales y emocionales, así como físicas, debidas a las experiencias del pasado. A ella nunca le habían disparado ni le había ocurrido nada grave. Había estado tan protegida como una flor de invernadero, tanto por sus padres como por su hermana. Aquella era la primera vez que saboreaba la vida de verdad. Aún no estaba segura de si iba a gustarle.

Había vivido en el enorme rancho de su padre toda su vida. Podía montar cualquier cosa; su padre le había enseñado. Pero no estaba acostumbrada al trabajo agotador que exigían las tareas diarias del rancho, porque nunca le habían permitido hacerlas en casa, y los primeros dos días había estado lenta.

Darby Hanes se había hecho cargo de ella y le había mostrado cómo manejar los enormes fardos de heno que los hermanos todavía almacenaban en el granero. Se negaban a usar los fardos enrollados más modernos diciendo que eran ineficientes y una pérdida de tiempo. Con los consejos de Darby, Morie ya no se hacía daño al levantarlos. Le había enseñado a ponerles las herraduras a los caballos, aunque en el rancho hubiera un herrero, y cómo atender a los terneros enfermos. En menos de dos semanas, había aprendido cosas que nunca había visto en la universidad.

—Nunca antes has hecho este trabajo —la acusó Darby, aunque con una sonrisa.

—No —respondió ella avergonzada—. Pero necesitaba un trabajo desesperadamente —dijo, lo cual era casi verdad—. Se ha portado muy bien conmigo, señor Hanes. Le debo mucho por no rechazarme. Por enseñarme lo que necesitaba saber —y menos mal que su padre no lo sabía, pensaba para sus adentros. Habría despellejado a Hanes por dejar que su malcriada hijita le pusiera herraduras a un caballo.

Él agitó la mano para quitarle importancia.

—No hay problema. Asegúrate de llevar siempre los guantes —añadió señalando su bolsillo trasero—. Tienes

unas manos preciosas. Como las que tenía mi esposa —dijo con una mirada melancólica y una sonrisa débil—. Tocaba el piano en un restaurante cuando la conocí. Tuvimos dos citas y nos casamos. No tuvimos hijos. Murió de cáncer hace dos años —hizo una pausa y tomó aliento—. Aún la echo de menos —añadió con voz triste.
—Lo siento —dijo ella.
—Volveré a verla —respondió—. No faltan tantos años. Es parte del ciclo, ya sabes. La vida y la muerte. Todos pasamos por lo mismo. Nadie escapa.
Eso era cierto. Qué raro era mantener una conversación filosófica en un rancho.
Él arqueó una ceja.
—Crees que los trabajadores de un rancho son los expulsados del instituto, ¿verdad? —sugirió—. Yo tengo un título del Instituto Tecnológico de Massachusetts. Fui su alumno más prometedor en Física Teórica, pero mi esposa tenía problemas en los pulmones y querían que viniese al oeste, a un clima más seco. Su padre tenía un rancho... —se detuvo y se carcajeó—. Perdona. Tiendo a ponerme a hablar sin parar. En cualquier caso, empecé a trabajar en el rancho y lo prefería al laboratorio. Cuando ella murió, vine aquí a trabajar. Así que aquí estoy. Pero no soy el único que tiene título aquí. Tenemos tres empleados a tiempo parcial que van a la universidad con becas financiadas por los hermanos Kirk.
—¡Qué gente tan amable! —exclamó ella.
—Sí que lo son. Todos parecen duros como robles, y en general lo son, pero ayudarán a cualquiera que lo necesite. Pagaron la factura del hospital de mi esposa cuando se nos acabó el seguro. Fue una pequeña fortuna y ellos no lo dudaron ni un segundo.
Morie sintió un nudo en la garganta. Qué gesto tan

generoso. Su familia había hecho lo mismo por otra gente, pero no ser atrevió a mencionarlo.

—¡Qué considerado por su parte! —agregó con sinceridad.

—Sí. Trabajaré aquí hasta que me muera, si quieren que siga. Son una gente fantástica.

Oyeron un ruido y se dieron la vuelta. El jefe estaba de pie detrás de ellos.

—Gracias por el homenaje, pero creo que hay ganado al que bañar en el pasto del sur... —murmuró Mallory con los labios apretados y brillo en los ojos.

Darby se carcajeó.

—Así es. Perdona, jefe. Solo estaba alabándote ante la dama. Le ha sorprendido descubrir que estudié Filosofía.

—Por no mencionar Física Teórica —añadió el jefe.

—Sí, bueno. Yo no mencionaré tu título en Bioquímica si quieres —dijo Darby escandalosamente.

—Gracias —respondió Mallory con una ceja arqueada.

Darby le guiñó un ojo a Morie y los dejó a solas.

Mallory se acercó imponente hacia la muchacha.

—Tu nombre no es muy corriente. ¿Morie?

Ella se rio.

—Mi nombre completo es Edith Danielle Morena Brannt —respondió—. Mi madre sabía que sería morena, porque mis dos padres lo son, así que añadieron Morena en español. Mis bisabuelos eran... españoles —había estado a punto de revelar el hecho de que pertenecían a la realeza española. Jamás podría hacer eso. Quería que todos la vieran como una chica pobre, pero sincera. Su apellido era común en el sur de Texas y era improbable que Mallory lo relacionara con King Brannt, que era un auténtico señor del ganado.

Él ladeó la cabeza.

—Morie —murmuró—. Muy bonito.

—De verdad, siento mucho lo de la llave —dijo ella.

—Él se encogió de hombros.

—Yo hice lo mismo el mes pasado, pero soy el jefe —añadió con firmeza—. No cometo errores. Recuérdalo.

Ella le dirigió una amplia sonrisa.

—Sí, señor.

Él se quedó observándola con curiosidad. Era pequeña y con curvas, de pelo negro y evidentemente largo a pesar del moño con el que se lo había recogido en lo alto de la cabeza. No era preciosa, pero resultaba agradable a la vista, con esos grandes ojos marrones, esa boca carnosa y su piel perfecta. No parecía la típica muchacha que trabajaba en un rancho.

—¿Señor? —añadió ella, sintiéndose incómoda por el escrutinio.

—Perdona. Estaba pensando que no eres el tipo de persona que normalmente contratamos para trabajar en el rancho.

—Tengo un título universitario —se defendió Morie.

—¿De verdad? ¿Qué estudiaste?

—Historia —respondió ella con una actitud defensiva—. Sí, son fechas. Sí, se trata del pasado. Sí, en parte puede ser aburrido. Pero me encanta.

Él la miró pensativo.

—Deberías hablar con Cane. Él se licenció en Antropología. Una pena que no fuera Paleontología, porque estamos cerca de Fossil Lake. Es un lago que forma parte del Río Verde, y hay todo tipo de fósiles allí. A Cane le encantaba excavar —su expresión se volvió seria—. No hablará sobre la posibilidad de volver a hacerlo.

—¿Por su brazo? —preguntó ella abiertamente—. Eso

11

no le detendría. Podría encargarse del trabajo administrativo en una excavación —de pronto se sonrojó—. Hice algunas asignaturas de Antropología en la universidad —confesó.

Él se echó a reír.

—No me extraña que te guste el trabajo en el rancho. ¿Ibas a excavaciones? —sabía que la Arqueología era una de las ramas de la Antropología.

—Así es. Mi madre se volvía loca. Llevaba la ropa siempre llena de barro y parecía una niña de la calle —no se atrevió a decirle que, en una ocasión, se había presentado a cenar con la ropa de la excavación cuando estaba sentado a la mesa un famoso político europeo, junto con algunos miembros de la familia real—. Había problemas cuando llegaba a casa manchada de barro —añadió con una carcajada.

—Me lo imagino —dijo Mallory. Después suspiró—. Cane no se ha adaptado a los cambios físicos. Ha dejado de ir a terapia y no quiere venir a las reuniones familiares. Se queda en su habitación jugando a videojuegos online —de pronto se detuvo—. Santo Dios, no puedo creer que te esté contando estas cosas.

—Yo no diré nada —señaló ella—. Nunca cuento nada de lo que sé.

—Se te da bien escuchar. La gente no suele ser así.

—A usted también —contestó ella con una sonrisa.

Él se carcajeó.

—Soy el jefe. Tengo que escuchar a la gente.

—Bien pensado. Voy a terminar de apilar esos fardos de heno —se detuvo y lo miró—. ¿Sabe? Casi todos los rancheros hoy en día utilizan los fardos grandes…

—No sigas por ahí —contestó él secamente—. No me gustan muchos de los supuestos avances. Dirijo este rancho como lo hacía mi padre, y como lo hacía su padre antes que él. Rotamos las cosechas y el ganado, evitamos suplementos innecesarios y mantenemos las cosechas orgánicas. No permitimos la extracción de petróleo en este rancho. Se hacen muchas fracturas hidráulicas al sur de Wyoming para extraer petróleo de los depósitos, pero nosotros no venderemos terrenos para eso, ni los alquilaremos.

Sabía que protegían el medio ambiente. La familia había aparecido en un pequeño periódico sobre ganaderos del noroeste que había visto en una mesa en el barracón.

—¿Qué son las fracturas hidráulicas? —preguntó ella con curiosidad.

—Inyectan líquidos a gran velocidad en la roca para fracturarla y permitir el acceso a los depósitos de gas y de petróleo. Puede llegar a contaminar el agua si no se hace bien, y hay quien dice que provoca terremotos. No pienso correr riesgos con nuestra agua. Es valiosa.

—Sí, señor —respondió ella.

Él se encogió de hombros.

—No te ofendas. Ya me han hablado sobre los beneficios de utilizar cosechas modificadas genéticamente y también sobre la clonación. Pero tendrá que pasar por encima de mi cadáver.

Ella se rio. Su delicado rostro se iluminó con alegría. Sus ojos oscuros brillaban. Mallory se quedó mirándola durante unos segundos, sonriendo socarronamente. Era guapa. No solo guapa, sino que además tenía sentido del humor. No se parecía a su actual novia, una chica sofisticada del este llamada Gelly Bruner, cuya familia se había mudado a Wyoming hacía unos años y había comprado un pequeño rancho cerca de allí. Se conocieron en una fiesta en Denver, donde el padre de ella daba una conferencia a la que él había asistido. Gelly y él hacían cosas juntos, pero a él no le interesaba realmente tener una relación apasionada. Al menos en ese momento. En el pasado había tenido una mala experiencia que le había escarmentado con las relaciones. Instintivamente sabía que Gelly solo estaría a su lado mientras tuviera dinero que gastarse en ella. No se engañaba a sí mismo con su ausencia de atractivo físico. Tenía mujeres porque era rico. Punto.

—¿Pensamientos profundos, señor? —bromeó ella.

Él soltó una carcajada.

—Demasiado profundos para compartirlos. Vuelve al trabajo, chica. Si necesitas algo, Darby está por aquí.

—Sí, señor —respondió ella, y se preguntó por un instante si estaría en el Ejército. Le parecía correcto dirigirse a él de esa forma. Desde siempre había oído que los vaqueros llamaban así a su padre. Algunos hombres irradiaban autoridad y determinación. Su padre era uno de ellos. Y aquel hombre también.

—Ahora eres tú la que tiene pensamientos profundos —murmuró él.

—Son solo pensamientos dispersos —contestó ella riéndose—. Nada interesante.

Él entornó los párpados.

—¿Cuál es tu periodo favorito? De la Historia —añadió.

—¡Oh! Bueno, la época de los Tudor.

Mallory arqueó ambas cejas con sorpresa.

—¿De verdad? ¿Y cuál de los Tudor era tu favorito?

—María.

—¿María la Sanguinaria?

Ella lo miró con rabia.

—Todos los monarcas Tudor quemaban a gente. ¿Es menos ofensivo quemar solo a unos pocos que a unos cientos? Isabel quemaba a gente, y también su padre y su hermano. Todos tenían la misma fama, pero Isabel vivió más tiempo y tenía mejores Relaciones Públicas que el resto de su familia.

Él se echó a reír.

—Bueno, es cierto —insistió ella—. Sus seguidores la elevaron hasta el misticismo.

—La verdad es que sí. Yo odiaba la historia.

—Una lástima.

Mallory volvió a reírse.

—Supongo. Tendré que leer cosas sobre los Tudor para que podamos tener discusiones sobre sus virtudes y sus defectos.

—Me encantaría. Me gusta debatir.

—A mí también, siempre y cuando gane.

Ella le dirigió una sonrisa perversa y regresó al trabajo.

El barracón estaba en silencio por la noche. Morie tenía una habitación para ella sola. No era gran cosa, pero le encantaba. Se había llevado su iPad consigo y utilizaba la conexión a Internet del rancho para ver películas y series de televisión. También leía mucho. No bromeaba al decir que sentía pasión por la Historia. Incluso habiendo terminado la universidad, aún disfrutaba buscando transcripciones de manuscritos españoles relacionados con Maria Tudor y sus cinco años de reinado en Inglaterra. Encontraba los escritos en lugares de lo más extraños. Le resultaba fascinante recorrer bibliotecas virtuales y saborear la historia que había quedado plasmada en imágenes digitales. Los bibliotecarios debían de ser una gente con gran dedicación para ofrecerle tanto al público emple-

15

ando tanto tiempo y habilidad. Además era asombroso que alguien tuviera la capacidad de leer latín y griego y traducirlos al inglés moderno para el beneficio de los historiadores que no sabían leer las lenguas antiguas. Le maravillaba que la tecnología fuese tan nueva y tan poderosa. Se quedó dormida imaginando qué les depararía el futuro de la electrónica. Era fascinante.

Justo al amanecer sonó su teléfono móvil y ella respondió con voz dormida.

—Dormilona —dijo una voz suave y cariñosa al otro lado.

Morie se tumbó boca arriba y sonrió.

—Hola, mamá. ¿Qué tal va todo por casa?

—Te echo de menos —respondió Shelby con un suspiro—. Tu padre está tan enfadado que incluso los empleados más antiguos se esconden de él. Quiere saber dónde estás.

—No te atrevas a decírselo —le advirtió Morie.

Su madre volvió a suspirar.

—No lo haré. Pero amenaza con contratar a un detective privado para buscarte —entonces se rio—. No puede creer que su niña pequeña se haya ido a trabajar por dinero.

—Solo está enfadado por no tenerme allí para aconsejarle con su programa de cría y encargarme de sus hojas de cálculo —respondió Morie riéndose—. Pronto iré a casa.

—Espero que llegues a tiempo para la venta —añadió Shelby. Quedaban tres semanas para el evento, pero King Brannt ya había preparado una gala para la subasta de sus toros Santa Gertrudis en Skylance, el rancho de la familia cerca de San Antonio. Sería una fiesta de proporciones épicas, con una lista de invitados que incluía a artistas famosos, figuras del deporte, políticos e incluso miembros de la realeza, y querría que toda su familia estuviera allí. Sobre todo ella, que era esencial como anfitriona. Sería demasiado trabajo para que Shelby se encargara ella sola.

—Volveré aunque solo sea a pasar la noche —prometió Morie—. Díselo a papá, para que no se suba por las paredes —añadió con una carcajada.

—Se lo diré. Eres como él, ¿sabes? —dijo su madre.

—Cort se parece más a él. ¡Qué temperamento!

—Cort se calmará cuando al fin encuentre a una mujer que le soporte.

—Bueno, papá te encontró a ti —señaló Morie—. Así que hay esperanza para Cort.

—¿Eso crees? Ya ni siquiera tiene citas después de que aquella animadora de hotel intentara seducirlo en un cine. Se quedó perplejo cuando ella le dijo que lo había hecho en todo tipo de cines en su ciudad de origen —su madre se rio—. Tu hermano no vive en el mundo real. Cree que las mujeres son tesoros delicados que hay que cuidar y proteger —hizo una pausa durante unos segundos antes de continuar—. Tiene que dejar de ver películas antiguas.

—Dile que vea algunas de las antiguas películas de Bette Davis —le aconsejó Morie—. Es la actriz más moderna que jamás he visto, a pesar de que su apogeo fuese en los años cuarenta.

—Me encantaban esas películas —dijo Shelby.

—A mí también —convino Morie, y vaciló un instante—. Me gustan las viejas películas de la abuela.

Maria Kane había sido una famosa actriz de cine, pero Shelby y ella nunca habían estado unidas y habían tenido una relación triste y turbulenta. Para Shelby aún era un tema doloroso.

—A mí también me gustan —respondió su madre sorprendentemente—. En realidad nunca conocí a mi madre. Al principio cuidaban de mí las amas de llaves y después mi tía. Mi madre nunca creció —añadió al recordar algo que había dicho Brad, el último marido de Maria, durante los preparativos del funeral en Hollywood.

Morie advirtió el tono de tristeza en la voz de su madre y cambió de tema.

—Echo de menos tu pescado al horno.

Shelby se rio.

—¡Qué cosas dices!

—Bueno, nadie lo prepara como tú, mamá. Y por aquí no les gusta mucho el pescado, así que no solemos comerlo. Sueño con filetes de bacalao horneados con hierbas y mantequilla… ¡Maldita sea, tengo que dejar de babear sobre mi almohada!

—Cuando vengas a casa, te lo prepararé. Tienes que aprender a hacerlo tú. Si te marchas y vives lejos de nosotros, tendrás que saber cocinar.

—Siempre puedo comer de restaurante.

—Sí, pero la comida casera siempre es mejor.

—La tuya sí —respondió Morie antes de mirar el reloj—. Tengo que colgar, mamá. Hoy vamos a bañar al ganado. Es un asunto complicado.

—Tú lo sabes bien. Siempre estabas en medio cuando lo hacíamos aquí en primavera.

—Te echo de menos.

—Yo también te echo de menos, cariño.

—Te quiero.

—Yo también. Adiós.

Morie colgó el teléfono, se levantó de la cama y se vistió. Su madre era única, guapa y con talento, capaz de preparar comidas exóticas u organizar una fiesta para la realeza. La admiraba tremendamente.

También admiraba a su padre, pero estaba harta de los hombres que la invitaban a salir solo con un objetivo en mente; un matrimonio que asegurase su futuro financiero. Era sorprendente la cantidad de hombres que la veían como el camino hacia la riqueza. El último le había dicho abiertamente que su padre le había aconsejado que se casara con una heredera, y que al menos ella era más guapa que algunas de las hijas de otros hombres ricos con las que había salido.

Morie estaba maldiciéndolo en tres idiomas cuando entró su padre, escuchó sus acusaciones y echó al joven de la propiedad.

Ella se había quedado destrozada. Aquel chico le gustaba de verdad. Era un contable llamado Bart Harrison que había ido al pueblo para auditar a una empresa local. Al principio a Morie no se le había ocurrido pensar que Bart había ido a buscarla deliberadamente en una fiesta. Sabía quién era y quién era su familia, y la había seducido con frialdad, aunque con unos modales exquisitos que habían hecho que se sintiera guapa y que anhelara sus atenciones.

Se había sentido muy atraída por él. Pero, cuando empezó a hablar de dinero, dio marcha atrás y huyó. Deseaba ser algo más que la hija de uno de los rancheros más ricos de Texas. Deseaba a un hombre que la quisiera por lo que realmente era.

Ahora, mientras ayudaba a que el ganado atravesara el baño más fétido y asqueroso que había visto en su vida, se preguntaba si se habría vuelto loca al ir allí. Era el mes de mayo, la época del parto de las vacas y del baño de inmersión necesario para que el ganado estuviese libre de parásitos.

—Huele a perfume del bueno, ¿verdad? —preguntó Red Davis con una carcajada. Tenía treinta y muchos años, era pelirrojo, con pecas, ojos azules y una personalidad traviesa. Había trabajado en ranchos casi toda su vida, pero nunca se quedaba demasiado tiempo en un mismo sitio. Morie recordaba haber oído decir a su padre que Red había trabajado para un antiguo mercenario llamado Cord Romero cerca de Houston.

—Nunca conseguiré quitarme el olor de la ropa —se quejó ella.

—Claro que podrás —le aseguró el vaquero pelirrojo con una sonrisa bajo la sombra de su sombrero de paja—. Esto es lo que tienes que hacer, Morie. Te vas al bosque por la noche y esperas a ver una mofeta. Entonces le das un susto. La mofeta empezará a golpear las patas delanteras contra el suelo para advertirte antes de darse la vuelta y levantar el rabo...

—¡Red! —gritó ella.

—Espera, espera y escucha —continuó él—. Cuando te rocíe con su olor y tengas que enterrar tu ropa y bañarte en zumo de tomate, se te olvidará lo mal que huele esta piscina de ganado. ¿Lo ves? ¡Eso resolvería tu problema!

—Yo te daré problemas —amenazó ella.

El vaquero se rio.

—Has de tener sentido del humor para trabajar con ganado —le dijo.

—Estoy totalmente de acuerdo, pero no tiene nada de gracioso una charca llena de... ¡Ahhh!

Mientras hablaba, un ternero chocó contra ella y la

tiró. Aterrizó boca abajo en el agua, que se le metió en la boca y en los ojos. Se arrodilló y golpeó la superficie del agua con las manos en actitud rabiosa. Lo cual no hizo más que empeorar la situación y le dio a Red la oportunidad de mostrar su sentido del humor al máximo.

—¿Quieres dejar de reírte? —gritó ella.

—Dios mío, ¿ahora también bañamos a las personas? —quiso saber Mallory.

Morie no pensó en lo que hacía; estaba demasiado enfadada. Golpeó el líquido con la mano y salpicó directamente a Mallory. Le alcanzó en la camisa blanca que llevaba y también en la cara.

Se quedó petrificada al darse cuenta de lo que había hecho. Le había lanzado agua con antiparásitos a su jefe. La despediría sin duda. Ya era historia. Tendría que volver a casa avergonzada...

Mallory se secó la cara con un pañuelo y se quedó mirándola.

—Por eso nunca me pongo camisas blancas cuando vengo aquí —murmuró mirando a Red, que seguía riéndose sin parar—. A saber qué dirá Mavie cuando tenga que limpiar esto, y es culpa tuya —añadió señalando a Morie con el dedo—. Podrás explicárselo mientras esquivas los platos, los cuencos, los cuchillos o cualquier cosa que tenga para lanzarte.

Mavie era el ama de llaves y tenía mal carácter. Todo el mundo le tenía miedo.

—¿No va a despedirme? —preguntó Morie con una timidez inusual.

Él apretó los labios y sus ojos oscuros brillaron.

—En la actualidad no hay mucha gente que quiera ayudar al ganado a atravesar una piscina llena de líquido antiparásitos —murmuró—. Será más fácil darme un baño que encontrar a alguien que pueda reemplazarte.

Ella tragó saliva. Sentía el líquido apestoso en las fosas nasales y se lo limpió con el pañuelo.

—Al menos ahora no atraeré a los mosquitos —dijo con un suspiro.

—¿Quieres apostar? —preguntó Red—. ¡Les encanta esto! Si te lo frotas por los brazos, vendrán a montones… ¿Adónde va, jefe?

Mallory se carcajeó mientras se alejaba. Ni siquiera respondió a Red.

Morie suspiró aliviada y siguió limpiándose la cara. Sacudió la cabeza y miró a Red con una mueca.

—Bueno, eso ha sido una sorpresa —murmuró—. Estaba convencida de que iba a despedirme.

—No —respondió Red—. El jefe es buena persona. Cane discutió una vez con él por una mujer que no dejaba de llamarle y acosarle. El jefe le siguió la corriente a ella, solo por diversión. Cane le tiró de cabeza a uno de los abrevaderos.

Ella se carcajeó.

—¡Madre mía!

—El jefe se quedó perplejo. Fue la primera vez que Cane hacía algo realmente físico desde que salió del Ejército. Cree que tener un solo brazo le limita. Pero ya se está acostumbrando. El jefe no pesa poco, precisamente —añadió—. Cane se lo echó al hombro y lo lanzó.

—Vaya.

Red se puso serio.

—Todos han tenido problemas de un tipo u otro. Pero son hombres decentes, sinceros y trabajadores. Haríamos cualquier cosa por ellos. Cuidan de nosotros y no nos juzgan —pareció entristecerse por un mal recuerdo—. Si lo hicieran, yo no estaría aquí.

—¿Metiste la pata? —preguntó ella—. ¿Le tiraste pesticida al jefe?

Red negó con la cabeza.

—Algo mucho peor, me temo. Pasé un tiempo en la cárcel y el jefe me echó un sermón —contestó con una sonrisa.

—Casi todo el mundo mete la pata de vez en cuando —dijo ella con amabilidad.

—Eso es cierto. Lo único que haría que te despidieran sería robar —añadió—. No sé por qué es tan importante para el jefe, pero el año pasado despidió a un tipo por llevarse un taladro muy caro que no le pertenecía. Dijo que no toleraría a un ladrón en su casa. Cane estuvo a punto de comérselo vivo. Son gente muy rara en algunos aspectos.

—Supongo que será por algo que les ocurrió en el pasado —especuló ella.

—Podría ser. Gelly, la chica con la que sale el jefe, tiene un aspecto sospechoso —añadió en voz baja—. Se habló mucho de ella cuando se mudó aquí con su padre. Se especuló sobre cómo habían conseguido la propiedad de los Barnes en la que ahora viven. Es guapa, eso lo admito, pero creo que el jefe está mal de la cabeza por dejar que se le acerque. Hay una historia curiosa sobre el taladro que desapareció —explicó con los párpados entornados—. A ella no le gustaba el vaquero porque se metía con ella. Gelly estaba en el barracón justo antes de que el jefe encontrara el taladro en la bolsa del tipo, y el vaquero aseguró que era inocente. No sirvió de nada. Fue despedido en el acto.

Morie sintió un escalofrío por la espalda. Había visto

a la novia del jefe en una ocasión y había sido suficiente para convencerse de que la mujer se creía demasiado importante y fingía una sofisticación que en realidad no tenía. La mayoría de los hombres no estaba al corriente de la moda actual, pero Morie sí, y supo nada más verla que Gelly Bruner llevaba ropa de la temporada anterior. Morie había asistido a la Semana de la Moda y en casa estaba suscrita a varias revistas de moda, tanto en inglés como en francés. En su armario podían encontrarse las últimas tendencias. Su madre había sido modelo en su juventud y conocía a muchos diseñadores famosos que estaban encantados de vestir a su hija.

Por supuesto, allí no se atrevía a mencionar su gusto por la moda. Eso le quitaría la posibilidad de vivir como una joven normal.

—Fuiste a la universidad hace poco, ¿verdad? —preguntó Red, y sonrió al ver su sorpresa—. No hay secretos en un rancho. Es como una gran familia. Lo sabemos todo.

—Sí, así es —convino ella sin ofenderse.

—¿Y vivías en una residencia con hombres y mujeres? —preguntó él, y parecía muy interesado en su respuesta.

—No —respondió Morie—. Mis padres me educaron muy estrictamente. Supongo que por eso soy un poco anticuada, pero no vivía en una residencia —se encogió de hombros—. Vivía fuera del campus con una amiga.

Red arqueó las cejas.

—¡Vaya, eres un dinosaurio! —exclamó, aunque con un brillo de aprobación en la mirada.

—Eso es. Debería vivir en un zoo. No encajo en la sociedad moderna. Por eso estoy aquí —añadió.

Él asintió.

—Por eso estamos aquí la mayoría. Estamos aislados

de lo que la gente llama civilización. Pero a mí me encanta.
—A mí también, Red —admitió ella.
Red miró el ganado y frunció el ceño.
—Será mejor que terminemos con esto —dijo mirando al cielo—. Dicen que va a volver a llover. Con todo el deshielo, tendremos suerte si no vuelve a haber inundaciones este año.
—O más nieve —dijo ella en broma. El clima de Wyoming era impredecible; ya se había dado cuenta de eso. Algunos de los rancheros de la zona se habían visto obligados a vivir en el pueblo cuando nevaba tanto que ni siquiera podían acceder al ganado. Las agencias gubernamentales habían tenido que llevar la comida a los animales por aire.
El deshielo era un verdadero problema. Pero también lo eran los mosquitos con aquel clima tan cálido. La gente no pensaba que pudiera haber mosquitos en lugares como Wyoming y Montana, pero parecía que estaban por todas partes. Junto con otras plagas que podían dañar la salud del ganado.
—Eres del sur, ¿verdad? —preguntó Red—. ¿De dónde?
Ella apretó los labios.
—Uno de los otros estados —dijo ella—. No voy a decir cuál.
—Texas.
Ella arqueó las cejas y él se rio.
—El jefe tiene una copia de tu permiso de conducir en los archivos. Me di cuenta cuando me colé en sus documentos personales.
—¡Red!
—Oye, al menos ya no me meto en los archivos de la

CIA —protestó él—. Y mira que me gustaba hacerlo, hasta que me pillaron.

Morie se quedó de piedra.

Él se encogió de hombros.

—Casi todos los hombres tienen algún pasatiempo. Al menos no me tuvieron encerrado durante mucho tiempo. Incluso me ofrecieron un trabajo en su unidad de delitos cibernéticos. Puede que algún día acepte. Pero, por ahora, me encanta trabajar en un rancho.

—Estás lleno de sorpresas —comentó ella.

—Aún no has visto nada —bromeó Red—. Volvamos al trabajo.

CAPÍTULO 2

El pequeño pueblo situado cerca del rancho se llamaba Catelow, en honor a un colono que se fue al oeste por cuestiones de salud a principios del siglo XIX. Su familia y él, junto con algunos amigos mercaderes, pidieron y obtuvieron una estación de tren para que pudiera enviar ganado al este desde su rancho. Algunos de sus descendientes aún vivían allí, pero cada vez más jóvenes salían del estado y se trasladaban a las grandes ciudades para trabajar en puestos que estaban mejor pagados.

Aun así, el pueblo tenía todo lo necesario. Catelow tenía un buen cuerpo de policía, un parque de bomberos, un centro comercial, numerosos restaurantes étnicos, varias iglesias protestantes y una católica, un administrador municipal al que se le daba de maravilla hacer prosperar al ayuntamiento del pueblo y una gran tienda de ultramarinos junto a una ferretería aún más grande.

También había una franquicia de tractores. Desde su infancia, cuando iba con sus padres a visitar a los diversos vendedores, le habían fascinado las máquinas. Una vez, cuando estaba en la universidad, como regalo de cumpleaños King Brannt había alquilado una excavadora y había hecho que el conductor le enseñara a manejarla. Morie había hecho que su hermano, Cort, hiciera una película casera del evento. El muy canalla se había negado a eliminar de la grabación la parte en la que ella metía la excavadora en una zanja. Cort tenía un sentido del humor retorcido, igual que el hermano pequeño de King, Danny, que ahora era juez del tribunal supremo y estaba casado con su antigua secretaria, la pelirroja Edie Jackson. Tenían dos hijos.

Morie paseaba por entre las filas de tractores y suspiró al ver uno verde que probablemente podría hacer de todo. Incluso tenía una cabina para proteger al conductor del sol.

—¿Así es como pasas tu día libre? ¿Mirando tractores? —preguntó con sarcasmo una voz de mujer detrás de ella.

Sobresaltada, Morie se dio la vuelta y encontró a Mallory con Gelly Bruner colgada de su brazo.

—Me gustan los tractores —respondió sin más. Miró con rabia a la otra mujer, que llevaba el pelo suelto y obviamente teñido. Llevaba un vestido de seda apretado, tacones de aguja y un jersey. Acababa de empezar el mes de mayo y algunos días aún eran fríos—. ¿Tiene eso algo de malo?

—No es muy de chica, ¿no? —comentó Gelly. Se movió con una actitud deliberada que acentuaba sus curvas. Se acercó a Mallory y le dirigió una sonrisa—. Yo preferiría pasear por una tienda de Victoria's Secret.

—Oh, sí. Me imagino a mí misma bañando ganado con uno de esos conjuntos —contestó Morie con una sonrisa irónica.

—No te imagino llevando nada... femenino —agregó Gelly—. No eres una chica muy femenina, ¿verdad?

Morie recordó que muchos se habían quedado mirándola cuando se había puesto un precioso vestido de un famoso diseñador francés y miró a Gelly desafiantemente sin decir nada. Eso hizo que la otra mujer se enfureciera.

—Yo odio los tractores y aquí hace frío —le dijo a Mallory tirando de su brazo—. ¿No podemos tomarnos un capuchino en la nueva tienda que han abierto junto a la floristería?

Mallory se encogió de hombros.

—Me parece bien —miró a Morie—. ¿Quieres venir? —preguntó.

A Morie le sorprendió y le agradó la invitación. ¿El jefe invitando a tomar café a una empleada? Se planteó aceptar el ofrecimiento, solo para hacer enfadar a Gelly, que ya estaba roja de rabia.

—Gracias —respondió—. Pero me divierto viendo máquinas.

Gelly se relajó y Mallory pareció perplejo.

—Invito yo —añadió.

Lo cual indicaba que creía que Morie no podía permitirse el café y estaba rechazando el ofrecimiento por esa razón. Se sintió ligeramente ofendida. Claro, que él no sabía nada sobre su pasado. Tal vez su apellido fuese raro, pero lo había visto en otros estados, incluso en otros países. Era improbable que relacionara a una pobre chica trabajadora con el famoso barón del ganado, incluso aunque hubiera podido ver a su padre en alguna ocasión. Criaba ganado de Santa Gertrudis. Los toros de Santa Gertrudis de su padre eran famosos y la gente pagaba precios altísimos por ellos.

Morie se aclaró la garganta.

—Sí, bueno. Gracias, pero hoy no.

Mallory sonrió de manera extraña.

—De acuerdo. Pásalo bien.

—Gracias.

Se alejaron, pero, mientras lo hacían, Morie oyó a Gelly murmurar:

—Muy generoso por tu parte ofrecerle un capuchino a una empleada. Apuesto a que ni siquiera sabe lo que es.

Morie apretó los dientes. «Un día, bonita, recibirás tu merecido», pensó.

Se dio la vuelta hacia los tractores y suspiró.

Un viejo deportivo de color rojo apareció frente al edificio principal y se detuvo derrapando. La puerta se abrió y se cerró. Segundos más tarde, un hombre alto y agradable de pelo castaño y ojos oscuros se acercó a ella. Llevaba traje, lo cual era extraño en aquel pueblo, salvo para los banqueros.

La miró con una sonrisa.

—¿Quiere comprar algo?

—¿Yo? Oh, no. Trabajo en un rancho. Simplemente me gustan las máquinas.

—¿De verdad? —preguntó él con las cejas arqueadas.

Morie se carcajeó.

—Supongo que suena raro.

—En realidad no —respondió el hombre—. Mi madre siempre decía que se casó con mi padre porque estaba rodeado de excavadoras. Le gusta conducirlas.

—¿De verdad?

—Mi padre es el dueño de todo esto —explicó señalando los tractores con la mano—. Yo me encargo de las ventas y del marketing —añadió con el ceño fruncido—. Preferiría trabajar en publicidad, pero mi padre no tiene a nadie más. Soy hijo único.

—Aun así, no es un mal trabajo, ¿verdad? —preguntó ella.

Él se rio.

—En absoluto, pero solo algunos días —contestó ofreciéndole la mano—. Clark Edmondson —se presentó.

—Morie Brannt —respondió ella estrechándole la mano.

—Encantado de conocerla, señorita... señora...

—Señorita —dijo ella con una carcajada—. Estoy soltera.

—Qué coincidencia. ¡Yo también!

—Lo imaginaba.

—¿Estás solo mirando o intentando conseguir una buena compra para tu jefe?

—Estoy segura de que mi jefe puede encargarse de sus propias compras —respondió ella—. Trabajo para Mallory Kirk en el Rancho Real.

—Ah. Él —no pareció impresionado.

—Lo conoces.

—Lo conozco, sí. Hemos hablado en alguna ocasión. Antes nos compraba a nosotros. Ahora le compra a un tipo de Casper —se encogió de hombros—. En fin, nada nuevo. Muchos de los habitantes del pueblo trabajan para él, y están contentos con el trabajo. Así que supongo que es bueno con sus empleados, a pesar de ser un tormento para los vendedores.

Ella se rio.

—Supongo.

Clark ladeó la cabeza y la miró con las manos en los bolsillos.

—¿Te gustan las citas?

Ella volvió a reírse, sorprendida.

—Bueno, más o menos. Quiero decir que hace tiempo que no tengo una.

—¿Te gusta el cine?
—¿De qué tipo?
—De terror.
—Me gusta esa trilogía de vampiros tan famosa.
Él puso cara de asombro.
—Me gustan todas las películas de dibujos animados, las de Harry Potter, las de Narnia y cualquier cosa relacionada con *Star Trek* o *La guerra de las galaxias* —añadió Morie.
—¡Bien!
—¿Y a ti?
—No me apasiona la ciencia ficción, pero no he visto esa nueva película del hombre lobo. ¿Quieres ir a verla conmigo? Hay un pequeño cine en el pueblo. No echan todas las películas de estreno, pero no está mal. Hay un restaurante chino al lado que abre hasta tarde.
Ella vaciló. No estaba segura de que fuese una buena idea. Parecía un hombre agradable. Pero su nuevo jefe parecía juzgar bien a las personas y no le gustaba comprar allí. Eso significaba algo.
—En general soy inofensivo —agregó él—. Mis dientes están sanos, solo digo tacos cuando me provocan, tengo un número de pie normal y solo me han puesto cinco multas por exceso de velocidad. Ah, y además hablo noruego.
Ella se quedó mirándolo sin saber qué decir.
—Nunca había conocido a nadie que hablase noruego.
—Me será útil si alguna vez voy a Noruega —respondió él con una carcajada—. A saber por qué lo estudié. Habría tenido más sentido estudiar español, francés o incluso alemán.
—Yo creo que deberías aprender lo que quieras.
—Entonces, ¿qué me dices del cine?

Morie miró el reloj.

—Tengo que ayudar con el nacimiento de los terneros, así que básicamente estaré de guardia el resto del fin de semana. De hecho ya es hora de que vuelva a trabajar. Solo tengo medio día libre los sábados.

—Maldición. Bueno, ¿y qué me dices del próximo viernes por la noche? Si los terneros lo permiten.

—Se lo preguntaré al jefe —dijo ella.

Él arqueó una ceja.

—Tengo que hacerlo —se justificó Morie—. Soy nueva. No quiero arriesgarme a perder mi trabajo por ausentarme sin permiso.

—Parece como si estuvieras en el Ejército —comentó él.

—Supongo. A veces me siento así en el rancho.

—Los tres hermanos combatieron en el extranjero —dijo él—. A dos de ellos no les fue muy bien. Mallory, sin embargo, es un hueso duro de roer.

—Ya me he dado cuenta —no sabía que Mallory hubiera estado en el Ejército, pero tenía sentido, teniendo en cuenta su aspecto autoritario. Probablemente fuese oficial cuando estaba en activo.

Vio que Clark se había quedado mirándola, esperando.

—Si puedo sacar algo de tiempo, me gustaría ver la película.

—¡Genial! —exclamó él.

Ella suspiró.

—Tendré que llevar vaqueros y una camisa. Cuando empecé a trabajar en el rancho, no me traje ningún vestido, ni siquiera una falda. Toda mi ropa está en casa de mis padres.

—Te has fijado en mi traje. Lo llevo para impresionar a

los clientes potenciales —contestó él con una sonrisa—. Cuando estoy en el pueblo, suelo llevar pantalones normales y camisetas, así que los vaqueros están bien. Tampoco es que vayamos a un baile, Cenicienta —añadió con brillo en la mirada—. Y no soy ningún príncipe.

—Creo que están reescribiendo ese cuento de hadas para que Cenicienta sea presidenta de una empresa y rescate a un pobre estibador de sus malvados hermanastros —contestó ella en broma.

—¡Dios no lo quiera! —exclamó Clark—. ¿Las mujeres ya no quieren ser mujeres?

—Al parecer no, según la tele y las películas —suspiró y se quedó mirándose la ropa—. La vida moderna nos exige trabajar para vivir, y tampoco hay tantos trabajos disponibles. No hay muchas opciones económicamente viables para las chicas que se pasan el día vestidas con encajes y bebiendo té en los salones.

—¿He sonado sarcástico? No lo pretendía. Me gustan las mujeres femeninas, pero creo que las luchadoras son excitantes cuando pelean en el barro.

—¡Machista! —exclamó ella riéndose.

—Oye, también vería a dos hombres luchar en el barro. Me gusta el barro.

Morie se recordó a sí misma cubierta de barro y pesticida en el rancho.

—No te gustaría si tuvieras que bañar al ganado —le aseguró.

—Menos mal que no sé nada sobre ganado —respondió él—. Pues pregúntale a tu jefe si puedes tener tres horas libres el próximo viernes e iremos a ver la película del hombre lobo.

Ella vaciló un instante.

—¿No será un poco gore?

Clark suspiró.

—Siempre podemos ver la película de dibujos a la que Johnny Depp pone voz. El western del camaleón. Morie se rio. Clark era agradable, guapo y con sentido del humor. Y ella llevaba meses sin tener una cita. Podría ser divertido.

—De acuerdo entonces —le dijo—. Johnny Depp me gusta haga lo que haga, aunque solo sea su voz. Tenemos una cita.

—Tenemos una cita —convino él con una sonrisa.

Había mucho que hacer en un rancho durante la época del nacimiento de los terneros, y los vaqueros sabían que no podrían dormir mucho.

Las vaquillas que iban a parir por primera vez eran vigiladas atentamente. También había una vaca vieja conocida por escaparse y esconderse entre los matorrales para parir. Nadie sabía por qué; simplemente lo hacía. Morie la llamaba Bessy y se dedicaba a tenerla vigilada.

—No vayas todo el día detrás de esa vieja vaca y te olvides de vigilar a las demás —le recomendó Darby—. No puede esconderse donde no seamos capaces de encontrarla.

—Lo sé, pero ya tiene algunos años y han dicho que va a volver a nevar —contestó ella con preocupación—. ¿Y si se quedara bloqueada en una ventisca? Si tenemos una tormenta como la anterior, puede que ni siquiera seamos capaces de ir a buscarla. Es difícil montar a caballo cuando la nieve te llega a la cintura.

Darby se rio.

—Entiendo lo que quieres decir. Pero tienes que pensar que este es un rancho grande y tenemos docenas de vacas preñadas por aquí. Por no mencionar que tenemos muchas novillas que van a parir por primera vez. Eso es mucho beneficio en época de crisis. No podemos permitirnos perder muchas.

—Lo sé —su padre había disminuido el número de ganado por los elevados precios del grano, y ahora se centraba en criar un rebaño de toros de mayor calidad en vez de tener una granja de vacas y de terneros como la que había construido su padre, el difunto Jim Brannt.

—Maldita sea, sí que hace frío hoy —dijo Darby cuando terminó de tratar a uno de los toros.

—Ya me he dado cuenta —contestó Morie mientras se abrochaba la cazadora vaquera. Tenía ropa muy buena en casa de sus padres, pero al rancho se había llevado la más vieja para no levantar sospechas sobre su estatus.

—Será mejor que sigas revisando la valla —agregó Darby.

—Ya voy. Había venido a por mi iPod —respondió ella, y mostró el reproductor dentro de su funda—. No puedo vivir sin música.

Él apretó los labios.

—¿Qué tipo de música te gusta?

—Vamos a ver. El country, la música occidental, la música clásica, las bandas sonoras, el blues…

—En definitiva, toda.

Ella asintió.

—También me gustan las músicas del mundo. Es divertido escuchar a artistas extranjeros, aunque apenas entienda nada de lo que cantan.

Darby negó con la cabeza.

—A mí me gusta John Denver.

Ella arqueó las cejas.

—Era un cantante de folk de los años sesenta —le explicó él—. Compuso una canción muy famosa, *Calypso*, sobre el barco en el que navegaba Jacques Cousteau cuando recorría el mundo —sonrió con nostalgia—. Dios, debo de haberme dejado una pequeña fortuna poniendo esa canción en las rocolas —se quedó mirándola—. Apuesto a que no sabes lo que es una rocola.

—Sí que lo sé. Mi madre me habló de ellas.

—Cómo ha cambiado el mundo desde que era pequeño —dijo él con un suspiro mientras negaba con la cabeza—. Algunos cambios son buenos, pero la mayoría no lo son.

Ella se rio.

—Bueno. A mí me gusta mi iPod porque es música portátil —enganchó los auriculares al aparato, con el que podía meterse en Internet, escuchar música e incluso ver películas siempre y cuando estuviese conectada a la Wi-Fi del rancho—. Te veré más tarde.

—¿Tienes pistola? —preguntó Darby de pronto.

Morie se quedó mirándolo con la boca abierta.

—¿Qué voy a hacer? ¿Disparar a los lobos? Eso va contra la ley.

—Todo va contra la ley en lo que respecta a los rancheros. No, no pensaba en las alimañas de cuatro patas. Un convicto se ha escapado. Es un asesino. Creen que podría estar por la zona.

Ella aguantó la respiración.

—¿Podría colarse en el rancho?

—No hay valla que pueda detener a un hombre decidido. Podrá saltarla —regresó al barracón y volvió a salir con un pequeño revólver metido en una funda de cuero—. Es una Smith & Wesson de 32 milímetros —explicó mientras se la ofrecía. Frunció el ceño al ver su indecisión—. No tienes que matar a un hombre para asustarlo. Solo disparar cerca de él y salir corriendo. ¿Sabes disparar un arma?

—Oh, sí. Mi padre se aseguró de ello —le dijo—. Nos enseñó a mi hermano y a mí a usar todo tipo de armas, desde una cerbatana hasta cualquier clase de revólver.

—Entonces llévatelo —respondió Darby—. Mételo en tu alforja. Me sentiré mejor así.

Ella sonrió.

—Eres muy amable, Darby.

—Desde luego que sí —dijo él—. No puedo permitirme perder a alguien que trabaja tan duramente como tú.

Morie le miró con el ceño fruncido, se montó en su caballo y se alejó.

El campo abierto era precioso. En la distancia, veía las montañas escarpadas que se alzaban como agujas blancas sobre el cielo gris cubierto de nubes. Los abetos aún estaban verdes. Era demasiado pronto para que empezase a brotar más vegetación del suelo, pero la primavera ya estaba cerca.

Casi todos los rancheros criaban al ganado para que los terneros nacieran a principios de primavera, cuando la hierba comenzaba a brotar y las cosechas crecían. La hierba fresca sería muy nutritiva para las vacas que alimentaban a sus retoños. Para cuando destetaran a los terneros, la hierba seguiría estando verde para ellos, si la lluvia cooperaba.

Le gustaba que los hermanos Kirk respetaran el medio ambiente y emplearan sistemas naturales. Tenían molinos por todas partes para bombear el agua hacia las reservas para el ganado. Cultivaban hierba natural e intentaban no estropear el suelo con la sobreexplotación.

Rotaban las cosechas para que el terreno siguiera siendo fértil y utilizaban fertilizantes naturales. Tenían reservas de excrementos, que utilizaban para producir metano que suministraba electricidad para los graneros y demás edificios. Era un lugar fascinante. Sobre todo para ser unos ganaderos que se habían hecho cargo de un rancho ruinoso y habían hecho que prosperase. Aún no eran ricos, pero trabajaban bien y tenían buen ojo para los mercados. Además, Mallory era una especie de genio de las finanzas. El rancho estaba empezando a dar dinero. Mucho dinero.

Cane iba a las ferias de ganado con sus toros, según le había dicho Darby, cuando se mantenía sobrio el tiempo suficiente. A Morie le resultaba algo intimidante, pero tenía una personalidad chispeante y era capaz de encandilar a los compradores.

Dalton, al que, por alguna razón, llamaban Tanque, era el especialista en marketing. Redactaba los panfletos para las ventas, iba a conferencias y convenciones, asistía a las reuniones del comité de acción política del condado y del estado, incluso de las asociaciones nacionales de ganaderos, y se encargaba de publicitar el ganado del rancho. Trabajaba incansablemente, pero era un hombre atormentado y eso se notaba.

Mallory era el jefe. Tomaba las decisiones importantes, aunque era democrático y pedía opinión a sus hermanos. Todos eran obstinados. Darby decía que era genético; sus padres habían sido iguales.

Morie lo entendía. Su padre era una de las personas más obstinadas que había conocido jamás. Su madre era dulce y amable, aunque tenía carácter. La vida en su casa siempre había sido interesante. Pero Morie se había convertido en el blanco para los solteros que buscaban dinero y estabilidad financiera. En algún lugar debía de haber un hombre que la quisiera por lo que era, no por lo que tenía.

Recorrió a caballo la valla en busca de roturas. Era una de las tareas importantes del rancho. Una valla rota incitaba al ganado a escaparse o a cruzar la autopista de doble sentido que circulaba junto al rancho. Una vaca en la carretera podía provocar un accidente que acabara en una demanda para los hermanos Kirk.

Darby se había quejado de que, en los últimos años, se había apoderado del país la mentalidad de demandar a todo el mundo. Le había dicho a Morie que, en sus tiempos, a los abogados se les imponían estándares más elevados de comportamiento y no se les permitía anunciar sus servicios. Que él supiera, nadie había demandado a nadie cuando era niño. Ahora la gente demandaba por cualquier cosa. Actualmente tenía poco respeto hacia la profesión. Morie la había defendido. Su tío era juez del tribunal supremo y durante años había sido abogado de oficio. Era honesto y se desvivía por ayudar a la gente que no tenía dinero para pagarse un abogado. Darby había aceptado que tal vez hubiera algunos abogados que fueran buenas personas. Pero añadió que las demandas frívolas iban a acabar con la civilización como la conocían. Ella simplemente sonrió y siguió con su trabajo. Estaban de acuerdo en que no estaban de acuerdo. Al fin y al cabo, la tolerancia era lo que hacía que la vida fuese soportable.

Se había detenido en el arroyo para dejar que su caballo bebiera agua. Se ajustó los auriculares para poder escuchar la exquisita banda sonora de Mark Mancina para la película *El triunfo de un sueño*. Había un solo de órgano que le provocaba escalofríos por la espalda. Tenía la misma sensación escuchando la Tocata y Fuga de Bach sonando en un órgano. La música era una parte muy importante de su vida. Sabía tocar el piano clásico, pero había perdido práctica. La universidad no le había dejado tiempo para tocar. Había visto un enorme piano de cola en el salón de los Kirk. Se preguntaba cuál de los hermanos tocaría. Nunca lo había preguntado.

Se detuvo en una zona de la valla en la que, durante la última tormenta de nieve y hielo, había caído una rama. El hielo ya no estaba, pero la rama seguía apoyada sobre la valla y la doblaba, de manera que el ganado podría atravesarla. La rama era grande, pero ella era fuerte. Bajó del caballo, se abrochó el bolsillo del abrigo para que no se le cayera el iPod y se acercó a la rama.

Tuvo que romper algunos pedazos antes de poder bajarla al suelo. En el proceso, una de las ramas más afiladas le hizo un corte en la mejilla. Murmuró al sentir la sangre en los dedos. Bueno, ya se le curaría.

Empujó la rama hacia el suelo con fuerza y se alegró de ver que la valla no estaba dañada, solo un poco doblada por el impacto. Volvió a colocarla más o menos derecha y escribió una nota en el iPod para informar a los hermanos de la localización con el GPS que siempre llevaba encima. Era un rancho con alta tecnología, a pesar del bajo presupuesto. Tenían ordenadores portátiles que utilizaban para coordinar las operaciones cuando tenían que juntar al ganado.

Hizo una pausa al sentir el crescendo de la banda sonora y cerró los ojos para saborearlo. Debía de ser maravilloso ser compositor y poder escribir composiciones que conmovieran a quienes las escucharan. A ella le gustaba la música, pero no tenía tanto talento. No componía. Simplemente interpretaba la música de otras personas cuando tocaba el piano o, con menos frecuencia, la guitarra.

—¿Te has hecho daño? —preguntó una voz profunda desde atrás.

Morie se dio la vuelta con el corazón acelerado y se sorprendió al ver a un desconocido de pie a pocos metros de distancia. Se quedó petrificada, como un ciervo al ver a un cazador.

Era alto y delgado, con ojos oscuros y el pelo escondido bajo un sombrero negro de ala ancha. Llevaba vaqueros y sonreía.

—Señor Kirk —murmuró ella cuando al fin reconoció a Dalton Kirk. No lo había visto mucho. No le resultaba familiar como Mallory—. Perdone, no estaba prestando atención…

Él estiró la mano, le quitó uno de los auriculares y apretó los labios mientras escuchaba. Después se lo devolvió.

—*El triunfo de un sueño* —dijo.

Ella arqueó las cejas.

—¿Conoce la banda sonora?

—Sí —contestó él con una sonrisa al ver su sorpresa—. Es una de mis favoritas, sobre todo el solo de órgano.

—Ese también es mi favorito —convino ella.

Dalton miró hacia la valla.

—Toma nota de las coordenadas para que podamos reparar esa parte de la valla, ¿quieres? Por el momento contendrá al ganado, pero no durante mucho tiempo.

—Ya lo he hecho —confirmó Morie. Aún le costaba respirar con normalidad.

—Hay un convicto que se ha fugado y anda por aquí —le dijo él—. No creo que sea culpable, pero está desesperado. A mí me gusta la música más que a nadie, pero hay un momento y un lugar para escucharla, y no es este. Si yo hubiera sido ese hombre, y hubiera estado lo suficientemente desesperado para disparar a alguien o tomarlo como rehén, ya estarías muerta o secuestrada.

Morie acababa de darse cuenta de eso y asintió con la cabeza.

—Ahora entenderás por qué va contra la ley llevar auriculares mientras conduces —añadió Dalton—. No podrías oír una sirena con eso puesto —señaló los auriculares con la mano.

—Sí. Quiero decir, sí, señor.

Él ladeó la cabeza y la miró con brillo en los ojos.

—Llámame Tanque. Todo el mundo me llama así.

—¿Por qué?

—Nos enfrentábamos a un tanque iraquí durante la invasión de Irak —le explicó él—, y estábamos en desventaja. Perdimos la comunicación con la unidad de artillería que nos cubría y no teníamos ningún arma antitanques —se encogió de hombros—. Yo intervine con una granada y los soldados se rindieron. Desde entonces, he sido Tanque.

Ella se rio. Dalton no resultaba tan intimidante como creía.

—Así que guárdate los auriculares en el bolsillo y escucha música cuando sea un poco más seguro, ¿quieres?

—Así lo haré —prometió Morie mientras guardaba el iPod.

Dalton se subió al caballo negro que ella no había oído aproximarse y se acercó más.

—Ese chisme no es un teléfono, ¿verdad?

—No, señor.

—¿Llevas móvil? —preguntó él con expresión de solemnidad.

Morie sacó un teléfono de emergencias que llevaba en el bolsillo y se lo mostró.

—Solo sirve para llamar al 911, pero me sirve.

—No te sirve. Te conseguiremos uno. Aquí es necesario. Se lo diré a Darby y él se encargará.

—Gracias —respondió ella, sorprendida. Debería haber usado su propio móvil, pero pensaba que eso la habría delatado. Era un modelo muy caro. El que llevaba en ese momento se parecía más a lo que tendría una joven vaquera sin recursos.

—Oh, somos amables —le dijo Dalton con seriedad—. Tenemos un carácter admirable, nunca blasfemamos ni nos quejamos, es fácil llevarse bien con nosotros… —se detuvo al ver que Morie estaba aguantándose la risa—. El hecho de que Cane eche sapos y culebras por la boca y de que Mallory tire cosas no es razón para pensar que somos intratables.

—Sí, señor. Lo tendré en cuenta.

Él se rio.

—Si necesitas algo, llama —añadió Dalton—. Y mantén los ojos abiertos. El hombre que se ha escapado está acusado de haber matado a un hombre a sangre fría. Joe Bascomb. Estuvo conmigo en Irak. Pero los hombres desesperados pueden llegar a hacer cosas desesperadas. Podría hacer daño a un desconocido, incluso a una mujer, si pensara que esta pudiera entregarlo a las autoridades. Ha jurado que jamás volverá a la cárcel —había tristeza en sus ojos—. Nunca pensé que huiría. Estoy seguro de que no pretendía matar a ese hombre, si es que acaso lo hizo. Pero están decididos a atraparlo y él está decidido a que no lo atrapen. Así que vigila tus espaldas.

—Tendré más cuidado.
—Por favor, tenlo. Es difícil encontrar buenos empleados —se tocó el ala del sombrero y se alejó montado en su caballo.

Morie suspiró aliviada y volvió a subirse a su caballo.

CAPÍTULO 3

Morie se enteró de que había una fiesta organizada para el sábado siguiente. El ama de llaves, Mavie Taylor, estaba quejándose sobre la comida que los hermanos querían que preparase.

—No puedo preparar canapés —se lamentó mientras se apartaba de la cara un mechón de pelo gris que había escapado de su moño. Se llevó las manos a las caderas y puso cara de rabia—. ¿Cómo voy a preparar algo así cuando lo único que quieren siempre son filetes y patatas?

—Los canapés son fáciles —dijo Morie con amabilidad—. Puedes envolver una salchicha de cóctel en beicon y hornearla —le dio la temperatura y el tiempo de cocción—. También puedes preparar sándwiches de pepino cortados en triángulos, pastelitos de té, flautas de queso...

—Espera un segundo —Mavie estaba apuntándolo todo frenéticamente en una libreta—. ¿Qué más?

Morie estaba encantada. Era la primera vez que el ama de llaves le decía algo medianamente agradable. Le explicó más aperitivos fáciles de preparar que cualquiera denominaría canapé.

—¿Cómo sabes todo esto? —le preguntó la mujer con desconfianza.

—En el último rancho en el que trabajé, tenía que ayudar en la cocina —respondió Morie, y no era mentira. Solía ayudar a su madre cuando tenían visita.

—Eso está muy bien —respondió el ama de llaves. Intentó sonreír. No le salió muy bien. Aquellos músculos faciales no hacían mucho ejercicio—. Gracias —añadió.

—De nada —contestó Morie con una sonrisa.

—¿Y qué me dices de los manteles y esas cosas? —preguntó Mavie con los párpados entornados.

—¿Tienen de eso aquí?

—Eso espero —respondió la mujer con un suspiro—. Yo entré a trabajar aquí solo dos semanas antes que tú. Nunca he tenido que cocinar para una fiesta y no tengo ni idea sobre la disposición der los cubiertos y esas cosas. ¡No soy cocinera de la alta sociedad! ¡Mírame! —exclamó señalando sus pantalones de chándal y su camiseta, en la que podía leerse *Que los pollos puedan votar*.

Morie intentó no reírse. Nunca hubiera pensado que el ama de llaves de los Kirk tuviera sentido del humor. Tal vez la hubiera prejuzgado.

—Antes de esto cocinaba para el personal de un barracón —explicó Mavie—. Los hermanos lo sabían... se lo dije. Y ahora me vienen diciendo que quieren que cocine para unos políticos de Washington y me piden que coloque la porcelana, las copas y la cubertería de plata en el orden correcto sobre un mantel de lino antiquísimo.

—No pasa nada —dijo Morie—. Yo te ayudaré.

—¿De verdad? A ellos no les hará gracia —respondió Mavie señalando con la cabeza hacia el salón.

—No lo sabrán —prometió ella.

El ama de llaves se movió nerviosamente.

—De acuerdo. Gracias. Esa mujer, Bruner, siempre anda por aquí quejándose de cómo cocino —añadió con amargura.

—No pasa nada. Siempre se queja de cómo visto. Los ojos del ama de llaves brillaron. Nada como un enemigo común para hacer amigos.

—Cree que no soy capaz de organizar una fiesta. Quiere contratar a una de sus amigas de la alta sociedad y que Mallory le pague una fortuna por hacerlo.

—Le demostraremos que podemos —insistió Morie.

—De acuerdo —contestó Mavie con una carcajada—. Me apunto. ¿Ahora qué?

Morie pasó una hora muy agradable de su tiempo libre diseñando el menú con Mavie y explicándole cómo colocar la cubertería y la vajilla sobre el mantel. Le aconsejó que comprara un mantel de plástico transparente para colocarlo sobre el mantel antiguo y protegerlo de las manchas de vino tinto que, según el ama de llaves, tanto les gustaba a los hermanos.

—Nunca me permitirán hacer algo así —se quejó.

—Bueno, supongo que no —respondió Morie, e intentó imaginarse a su madre colocando una cubierta de plástico sobre su carísimo mantel—. E imagino que podremos encontrar una tintorería que le quite las manchas si no pasa demasiado tiempo.

—Supongo que no podré llevar chándal para servir en la mesa —comentó Mavie.

—Podríais contratar a un catering —sugirió Morie.

—El catering más cercano que conozco está en Jackson, a casi doscientos kilómetros de aquí —respondió el ama de llaves—. ¿Crees que estarán dispuestos a venir hasta aquí?

Morie se rio. Era improbable.

—Creo que no.

—Entonces tendremos que apañárnoslas —Mavie frunció el ceño—. Tengo un vestido aceptable. Supongo que aún me valdrá. Y podría conseguir que las mujeres de un par de vaqueros vengan a ayudar. Pero yo no sé servir.

—Yo sí —contestó Morie amablemente—. Os enseñaré a ti y a las mujeres que quieran ayudar.

Mavie ladeó la cabeza y entornó los párpados.

—No eres lo que aparentas ser, ¿verdad?

Morie intentó fingir inocencia.

—Simplemente cocinaba para un gran rancho —respondió.

El ama de llaves apretó los labios.

—De acuerdo. Si tú lo dices…

—Claro que sí —dijo Morie con una sonrisa—. Bueno, vamos a hablar de los platos principales.

Mallory entró mientras Morie se tomaba una taza de café con Mavie después de los preparativos.

Morie levantó la cabeza cuando él se quedó mirándola fijamente.

—Es mi tarde libre —dijo directamente.

Él arqueó las cejas.

—¿He dicho yo algo?

—Estaba pensándolo —respondió ella.

—Buena trabajadora y adivina del pensamiento —murmuró Mallory—. Buena combinación.

—Me ha recomendado algunos canapés para esa fiesta

de la alta sociedad para la que quieren que cocine —intervino Mavie con desdén—. Nunca he cocinado para políticos. No me gustan los políticos —frunció el ceño—. Me pregunto qué aspecto tendrá la cicuta…
—Déjalo —dijo Mallory—. Vamos a darles de cenar para contarles nuestros planes. Necesitamos apoyo en Washington para el lobby de ganaderos.
—Deberían dejar a los búfalos en el lugar al que pertenecen en vez de permitirles entrar en terrenos privados e infectar al ganado con brucelosis —murmuró Morie—. Y la gente que no vive aquí no debería hacer política para la gente que sí vive. A mí me parece que están intentando echar a todos los rancheros y granjeros independientes.

Mallory acercó una silla y se sentó.

—Exacto —contestó—. Mavie, ¿me pones un café, por favor?

—Claro, jefe —el ama de llaves se apresuró a preparársela.

—Otra cosa es el biocombustible —dijo Mallory—. Es una buena tecnología, claro. Hará que el medio ambiente esté mejor. Ya utilizamos el viento y el sol para obtener energía, incluso el metano de los excrementos de los animales. Pero estamos cultivando demasiado maíz para combustible. Hemos pasado a emplear hierbas nativas para alimentar al ganado porque el precio del maíz está acabando con nuestro presupuesto.

—Si comen hierba es mejor —respondió Morie—. Sobre todo para los consumidores que quieren filetes de ternera sin grasa.

—Nosotros no criamos ganado para el consumo.

—Crían toros —señaló ella—. El resultado es el mismo. Querrán un toro que pueda engendrar terneros con menos grasa.

—No criamos terneras.

—Tampoco... —Morie se detuvo abruptamente. Había estado a punto de decir «nosotros», porque su padre tampoco criaba terneras—. Tampoco lo hacen muchos rancheros. Ha de tener un buen modelo para su programa de cría.

—Lo tenemos. Estudié sobre la cría de animales —respondió él—. Aprendí a modificar los genes del ganado para criar animales con determinadas características.

—Como que los terneros pesen menos al nacer y tengan menos concentración de grasa.

—Sí. Y también agrandar sus... —Mallory se detuvo en mitad de la frase y pareció incomodarse—. Bueno, para que los toros tengan depósitos más grandes.

Morie tuvo que morderse la lengua para no reírse. Era una referencia frecuente entre los ganaderos, pero a él le resultaba incómodo hablarlo con ella. Era muy anticuado. Morie no se rio. Estaba protegiéndola, en cierto modo. No debería gustarle, pero le gustaba.

Mallory estaba observándola con curiosidad.

—Sabes mucho sobre el negocio del ganado.

—Aprendo muchas cosas trabajando en un rancho —respondió ella—. Siempre prestaba atención cuando el jefe hablaba sobre cómo mejorar su rebaño.

—¿Era un buen jefe?

—Oh, sí —dijo ella. Los empleados de su padre siempre eran los mismos. Era justo con ellos, se aseguraba de que tuvieran seguro y todos los beneficios que pudiera darles.

—Entonces, ¿por qué te marchaste? —preguntó él.

Ella cambió de posición sobre su silla. Debía tener cuidado con aquel tema.

—Tuve un pequeño problema con un admirador —

respondió finalmente. Era cierto. El tipo no era empleado del rancho, pero ella insinuó que sí.

Mallory entornó los párpados.

—Eso nunca ocurrirá aquí. Si tienes problemas con alguno de los vaqueros, me lo dices. Yo me encargaré.

—Gracias.

—No hay de qué. Gracias, Mavie —añadió cuando el ama de llaves le entregó la taza de café—. Preparas el mejor café de Wyoming.

—Solo lo dice porque quiere una tarta de manzana para la cena.

Él arqueó las cejas.

—¿Tanto se me nota?

—Desde luego —declaró ella.

—Me encanta la tarta de manzana —respondió Mallory encogiéndose de hombros.

—Ya me he dado cuenta. Supongo que puedo pelar manzanas y escuchar mientras hablan de ganado —dijo Mavie, se levantó y fue a la encimera a por las manzanas, un cuenco grande y un cuchillo.

—O de hombres —comentó Morie.

—¡Vas a tener problemas aquí! —exclamó él.

—¡No! —respondió ella—. No tengo problemas. Hay un hombre muy simpático del pueblo que quiere salir conmigo. Su padre es el dueño de la tienda de tractores...

—¡No!

Morie se quedó mirándolo con la boca abierta.

—Clark Edmondson tiene mala reputación por aquí —continuó Mallory—. Salió con una de las hijas de Jack Corrie y la dejó abandonada en un bar cuando ella no quiso montárselo con él en su coche. Aquella vez estaba muy borracho.

—No vamos a ningún bar —respondió ella—, solo a ver una película al cine.

Mallory ladeó la cabeza.

—¿Qué película?

—La de dibujos del camaleón. El western.

—Esa está bastante bien. Aunque habría imaginado que él preferiría la del hombre lobo.

—Esa es la primera que sugirió. No me gusta el gore. Los críticos decían que era algo gore y las críticas eran malas.

—¿Crees que los críticos saben de lo que hablan? —preguntó él con brillo en la mirada—. No compran libros ni entradas de cine. Solo son gente normal con opiniones normales. Una opinión no cambia nada en el negocio del entretenimiento.

—Nunca lo había pensado de ese modo.

—Yo no leo críticas. Veo de qué trata un libro o una película y decido libremente si leerlo o ir a verla al cine. De hecho, la película del hombre lobo tenía una fotografía fantástica y los mejores efectos especiales que he visto en mucho tiempo. Me gustó, sobre todo esa preciosa chica rubia con la capa roja sobre el fondo blanco de la nieve. Críticos cinematográficos. ¿Qué sabrán ellos?

—Es muy terco —comentó Mavie mientras pelaba manzanas sentada junto a ellos—. Y fue Bill Duvall quien le contó lo de la hija de Corrie. A él le gusta y a ella no le gusta Clark, así que hay que tener eso en cuenta cuando se escucha la historia —hablaba sin apartar la mirada de la manzana que estaba pelando—. Clark no tiene nada de malo, salvo que es un poco veleidoso. Ustedes no entienden lo que es eso porque los tres son fuertes como una roca, obstinados y temperamentales.

Mallory dejó escapar una carcajada antes de dar un trago al café.

—Yo no soy temperamental.

—Sí que lo es —respondió el ama de llaves.

—Puede que sí —admitió él encogiéndose de hombros. Miró a Morie y entornó los párpados—. Llévate el móvil y, si Clark se excede, me llamas. ¿Entendido?

—De acuerdo —era como estar otra vez en casa de sus padres. Hablaba igual que su padre cuando ella había salido con un chico del instituto al que no conocía—. Quería llevarme al cine el viernes, pero se supone que debo vigilar a las vacas...

—Llamaré a uno de los empleados de media jornada para que haga tus horas. Solo esta vez —añadió él—. No esperes concesiones. No podemos permitírnoslas.

Ella se sonrojó.

—Sí, señor. Gracias.

—Tiene más de veintiún años, jefe —dijo Mavie.

—Trabaja para mí —respondió él—. Soy responsable de todos los empleados que tengo. De algunos más que de otros —se quedó mirando fijamente a Morie y no apartó la mirada.

Cuando Morie lo miró a los ojos, experimentó un escalofrío. El corazón se le aceleró y se quedó sin aliento. Sintió la intensidad de su mirada hasta en los dedos de los pies. Nunca en su vida había sentido tanto placer.

Mallory apartó la mirada con evidente esfuerzo y bebió café.

—Bueno, puedes ir, pero ten cuidado. Sigo pensando que es arriesgado. Pero es tu vida.

—Sí, lo es —respondió ella. Sintió un nudo en la garganta y se sonrojó. Después se levantó de la mesa—. Gracias por el café —le dijo a Mavie—. Es hora de volver a trabajar.

—No te caigas en la piscina de pesticida —dijo Mallory con cara seria, aunque sus ojos brillaban de un modo nuevo y excitante.

—Sí, señor —respondió ella. Sonrió y se dio la vuelta para salir de la habitación antes de quedar en ridículo al quedarse mirándolo. Se preguntó cómo disimularía aquel súbito placer que experimentaba mirando a su jefe.

Tenía unos pantalones bonitos y un jersey rosa y verde con bordados. Eligió esa ropa para su cita y se dejó el pelo suelto. Se lo cepilló hasta dejarlo brillante. Era espeso, negro y bonito, como el de su madre. Cuando se miró en el espejo, vio muchos rasgos de su madre en su rostro. No era preciosa, pero tampoco era fea. Tenía los mismos rasgos delicados que habían hecho famosa a Shelby Kane Brannt en su época como modelo. Y Maria Kane, la abuela de Morie, había sido una actriz de cine famosa por su capacidad interpretativa. Ella no había heredado ese rasgo. Su experiencia en el teatro de la universidad la había convencido de que lo suyo no era el escenario.

Tenía un abrigo vaquero y se lo puso encima del jersey, porque fuera hacía frío. El tiempo estaba loco. Típico en Wyoming. El clima de Texas también era así.

Oyó que un coche se acercaba al edificio de las habitaciones. Se puso la riñonera y salió a recibir a Crack. Estaba sentado tras el volante de su deportivo, con una sonrisa.

Advirtió que no salía del coche para abrirle la puerta. Se inclinó sobre la palanca de cambios y la abrió desde dentro.

—Hola —dijo ella mientras se sentaba.
—Hola. ¿Lista para ver la película?
—Desde luego.
Puso el coche en marcha y se alejó con un rugido del motor por el camino.
—No hagas eso —se quejó ella—. ¡Tenemos vaquillas preñadas en el granero!
—Ah, perdona, no se me había ocurrido —respondió él, aunque no parecía preocupado—. Lo superarán. Hace buena noche. Dijeron que a lo mejor nevaba, pero no me lo creo. Casi siempre se equivocan.

Morie estaba pensando en las asustadas vaquillas durante su primera época de cría, y temía el sermón que pudiera echarle su jefe si sucedía algo por la falta de consideración de Clark.

—Deja de preocuparte —bromeó él—. Solo son vacas, por el amor de Dios.

Solo vacas. A ella le encantaba pasarse por allí a acariciarlas. Le gustaban sus enormes ojos, sus hocicos y el pelo que tenían entre los ojos. Eran tan tiernas. Y las vaquillas, aunque fueran animales, debían de estar muy asustadas. A ella siempre le había dado pánico el parto, por razones que nunca podría entender. Era una de las razones por las que no sabía si se casaría algún día.

—¿Sabías que Isabel I nunca se casó ni tuvo hijos? —le preguntó a Clark.

Él puso cara de hastío.

—Odio la historia. Vamos a hablar de quién va ganando en *American Idol*.

Morie se quedó mirándolo con la boca abierta. Ella no solía ver la televisión.

—Yo veo el canal del tiempo, el canal militar y los canales de ciencia principalmente —explicó—. Nunca he visto uno de esos programas en los que vota el público.

—Creo que nunca nos pondremos de acuerdo en nada —observó él—. No importa. Eres mona y me gustas. Podemos partir desde ahí.

¿Podrían?

La película fue divertida e inteligente, y ambos salieron del cine sonriendo.

—Ahora vamos a comer comida china —sugirió él—. ¿Tienes hambre?

—Mucha. Pero pagamos a medias —añadió Morie con firmeza—. Yo me he comprado mi entrada y yo pagaré mi cena.

Él arqueó las cejas.

—No esperaría que me debieras nada si te invitara a cenar.

—Da igual —respondió ella con una sonrisa—. Me gusta que todo sea igualitario.

—Eres una chica extraña —murmuró él.

—¿Extraña? —se encogió de hombros—. Supongo.

—Vamos a cenar.

Entraron en el restaurante y siguieron a la camarera hasta una mesa situada en un rincón.

—Esto es precioso —observó Morie. Le encantaba la decoración asiática, con reproducciones de antiguas estatuas y grabados en la madera. Morie, que había viajado por Asia, apreciaba la cultura reflejada allí. Le encantaban todas las personas que había conocido durante sus viajes.

—Basura —comentó él—. Aquí no hay nada de valor.

—Me refería a que es bonito —aclaró ella.

—Ah —Clark miró a su alrededor—. Supongo. Un poco ordinario para mi gusto.

Morie estaba a punto de responder cuando advirtió movimiento en la puerta. En la barra estaba su jefe, Mallory Kirk, con Gelly Bruner. Habló con la camarera y esta les sentó cerca.

Mallory sonrió con frialdad y les saludó con la cabeza. A Morie le parecía demasiada casualidad que apareciese justo allí. No tendría razón alguna para espiarla...

—¿Puedes creértelo? —preguntó Clark con sorpresa—. ¿Hace esto siempre que sales con un hombre? Había oído hablar de jefes posesivos, pero esto es el colmo.

—Le gusta ir a sitios con su novia —respondió ella, intentando aparentar indiferencia—. Este es el único buen restaurante del pueblo.

—Supongo.

—No tendría razón para tenerme vigilada —señaló ella—. Solo soy una empleada.

Clark apretó los labios y se quedó mirándola.

—Claro.

Mallory también estaba mirándola, fijándose en su melena larga y negra que le llegaba casi hasta la cintura.

—¿Por qué la miras? —preguntó Gelly con frialdad—. No es más que una persona normal. Trabaja para ti. ¿Y por qué estamos aquí? ¡Sabes que odio la comida china!

Mallory no la oyó. Estaba pensando que nunca había visto nada tan bonito como aquella larga melena negra. Le trajo a la memoria un poema. Probablemente ella también lo conocería. Bess, la hija de una terrateniente, atándose en la melena negra un lazo rojo como símbolo de su amor. *El salteador de caminos*, de Alfred Noyes. Era un poema trágico, donde la heroína se sacrificaba por el héroe.

—«Vendré a verte con la luz de la luna, aunque el infierno me corte el camino…».

—¿Qué? —preguntó Gelly, desconcertada.

Mallory no se había dado cuenta de que había hablado en voz alta.

—Nada. ¿Qué quieres pedir? —preguntó, y se obligó a sí mismo a mirar a su acompañante en vez de a Morie.

Morie se sentía incómoda. Clark quería hablar de los concursantes de un programa de televisión y ella no tenía ningún punto de referencia.

—Ese tío no sabe cantar, pero la gente le sigue y se lleva casi todos los votos —murmuró él—. A mí me gusta la chica. Tiene estilo y una gran voz… ¿Estás escuchándome?

—Perdona. Estaba pensando en la predicción del tiempo. Dicen que podría haber otra tormenta de nieve y tenemos a muchas vaquillas primerizas a punto de parir.

—Vacas —gruñó él—. Morie, en la vida hay más cosas que filetes de cuatro patas.

A ella se le desencajaron los ojos.

—El señor Kirk no tiene un rancho de animales para producir carne. Se trata de un rancho de toros de cría.

—Toros de cría —repitió él.

—Sí. Crían toros para venderlos. No se los comen.

Él negó con la cabeza.

—Eres la chica más rara que jamás he conocido.

—¡Vaya, gracias! —respondió ella con una sonrisa.

Clark levantó su copa de vino y bebió.

—¿Estás segura de que no quieres vino? —preguntó—. Este es el único restaurante del pueblo en el que se puede beber alcohol legalmente.
—Yo no bebo —respondió ella—. Tengo el estómago delicado. Me pongo muy mal. Tampoco puedo tomar bebidas con gas. Solo café y té helado. O, como en este caso —agregó levantando su taza de té verde—, té caliente —dio un sorbo y cerró los ojos—. ¡Delicioso!
Él puso cara de asco.
—No le has puesto azúcar.
—En Japón nadie le pone azúcar —respondió ella, y acto seguido se mordió la lengua—. O eso es lo que he leído —se corrigió.
—Yo no puedo beberlo sin azúcar. Sabe asqueroso —dijo él mientras dejaba la copa de vino—. Aquí tienen buenos postres. Arroz glutinoso con mango o helado de coco.
—El helado —respondió ella riéndose—. Me encanta.
—A mí también —Clark llamó a la camarera—. Al menos coincidimos en algo.

Cuando se preparaban para marcharse, Mallory Kirk los observó con los párpados entornados. Se levantó mientras Morie pagaba la cuenta y le hizo gestos a Clark para que se acercara.
Clark le miró nervioso.
—Señor Kirk —dijo amablemente.
—No es lo suficientemente joven para ser mi hija, pero soy responsable de ella —respondió Mallory—. Si haces algo que no le guste, tendré que hacerte una visita.
—No puede amenazar a la gente —contestó Clark, sonrojado.

—Oh, no es ninguna amenaza, hijo —añadió Mallory con la mandíbula apretada—. Es una promesa en firme.

Se dio la vuelta, se alejó, se detuvo junto a su mesa para dejar la propina y ayudó a Gelly a levantarse.

Clark acompañó a Morie, que no se había enterado de nada, hasta su coche. Estaba alterado por el vino y furioso por que uno de los hermanos Kirk le hubiera amenazado.

—Debería llamar a la policía —murmuró mientras ponía el coche en marcha y arrancaba con vehemencia.

—¿Para qué? —preguntó Morie.

—Tu jefe acaba de amenazarme.

—¿Mi jefe? ¿De qué estás hablando?

Clark se dispuso a contárselo, pero entonces se lo pensó mejor. Era guapa y le gustaba; no quería que pensara que había alguna razón por la que su jefe pudiera querer ahuyentarlo.

Así que se encogió de hombros.

—Solo ha dicho que será mejor que cuide de ti —respondió.

Morie arqueó las cejas.

—¿Por qué iba a decir algo así? —preguntó, e intentó disimular lo halagada que se sentía. Ningún hombre interfería en la vida de una mujer a no ser que le gustara.

—Me molesta —dijo él—. No estará detrás de ti, ¿verdad?

Ella se echó a reír.

—Oh, sí. Le gusto porque tengo millones en una cuenta de ahorro y tengo muchos contactos —contestó con ironía.

Él también se rio. Estaba perdiendo la cabeza. Morie no era el tipo de mujer con la que querría casarse un empresario del ganado. Los Kirk celebraban fiestas fabulosas a las que asistía todo tipo de gente famosa a la que le vendían el ganado del que ella hablaba. Al parecer tenían amigos muy conocidos. Pero Morie llevaba ropa vieja, incluso a una cita. Estaba exagerando. Tal vez Mallory sí que se sintiera responsable de ella. Tal vez conociera a sus padres. Quizá temiese que pudieran demandarlo. No era nada personal. Solo cuestión de negocios.

—Bueno, me ha encantado la película —dijo ella—. Gracias.

—Gracias a ti. No salgo tanto como me gustaría. Pero podríamos ver una película de vez en cuando y salir a cenar, si quieres.

—Lo pensaré —respondió ella con una sonrisa.

Clark había planeado llevarla a un mirador conocido como «el rincón del amor». Pero, después de las palabras amenazadoras de Mallory, no quería provocarlo. Así que, en su lugar, volvió a llevarla al rancho. Incluso apagó el motor y la acompañó hasta la puerta del edificio donde estaban las habitaciones.

—¿Vives ahí con todos esos hombres? —le preguntó.

—Tengo mi propia habitación —explicó ella—. Son hombres agradables.

—Si tú lo dices.

—Bueno, gracias de nuevo —dijo Morie, vacilante.

Clark sonrió. Le gustaba aquella risa nerviosa y el hoyuelo que se le formaba junto a la boca.

Se agachó y le dio un beso en los labios.

Ella no se apartó, pero tampoco reaccionó. No sintió nada. Nada en absoluto.

Él se dio cuenta. Eran demasiado diferentes para encajar. Pero ella era atractiva y a él le gustaba tener compañía cuando salía de noche.

—Pronto volveremos a hacerlo —prometió.

—Claro —respondió ella con una sonrisa.

Se dio la vuelta y entró en el edificio. Darby estaba sentado junto a la puerta y la miró con las cejas arqueadas cuando entró y cerró tras ella.

—¿Lo has pasado bien? —preguntó en voz baja, para no despertar a los vaqueros que dormían cerca.

—Sí. Supongo.

—¿Supones? —preguntó él con la cabeza ladeada.

—El jefe se presentó en el restaurante —respondió algo confusa—. No sabía que le gustara la comida china.

—La odia —respondió Darby con sorpresa.

—Bueno, pues iba con la señorita Bruner. Quizá a ella le guste.

—Quizá.

—Que duermas bien, Darby.

—Tú también.

—¿Las vaquillas están bien? —preguntó.

—Están bien. Esperemos que el hombre del tiempo se haya equivocado con lo de la tormenta de nieve.

—Lo mismo digo. Buenas noches.

—Buenas noches.

Entró en su habitación y cerró la puerta. A Darby le había sorprendido que el jefe fuese al restaurante en el que ella estaba cenando. A ella también le sorprendía, pero a la vez se sentía halagada y tremendamente entusiasmada.

Al fin se durmió y tuvo dulces sueños.

# CAPÍTULO 4

Lo último que Morie esperaba al día siguiente era a una enfurecida Gelly Bruner en su puerta. Bueno, en la puerta del barracón cuando regresó para comer.

—Odio la comida china —dijo Gelly sin saludarla.

—Lo siento —respondió Morie—. En ese caso, tal vez deberías evitar ir a restaurantes chinos —agregó con una sonrisa.

—Él fue allí por ti, ¿verdad? —preguntó Gelly—. Para asegurarse de que tu acompañante supiera que estaba vigilándote.

—¿Por qué iba a hacer eso? No es mi padre.

Gelly frunció el ceño.

—Tampoco es tu novio, y será mejor que no le pongas ojitos —añadió con frialdad—. No durarás mucho aquí si lo haces.

—Trabajo aquí —señaló Morie—. Eso es todo.

—Ves cómo viven y te gusta —dijo la rubia, y contempló la ropa de Morie con desdén—. Eres pobre y te gustaría tener cosas bonitas y relacionarte con la gente adecuada.

—Ya me relaciono con la gente adecuada —respondió Morie, ofendida.

—Vaqueros —fue la respuesta—. Apestosos y estúpidos.

—No son ninguna de esas dos cosas.

—Si haces algo para que Mallory se fije en ti, me aseguraré de que no vuelva a ocurrir —entonces bajó la voz—. No serás la primera persona a la que consigo que echen de este rancho. No es bueno tenerme como enemiga.

—Trabajo aquí —repitió Morie, cada vez más enfadada. Tenía los rasgos de su madre, pero el carácter temperamental de su padre—. Y nadie me amenaza.

Gelly pareció desconcertada. No estaba acostumbrada a que la gente contraatacase.

—Mi gente tiene dinero —respondió—. Y no te gustará mi manera de vengarme.

Morie arqueó una ceja.

—Lo mismo digo.

—Bueno, tú mantente alejada de Mallory —insistió Gelly—. ¡Es mío y no lo comparto!

—¿Él lo sabe?

—¿Saber qué?

—Que te pertenece. Tal vez debería preguntárselo…

—¡Cállate! —la rubia apretó los puños y se le puso la cara roja de rabia—. ¡Iré a por ti!

—Eso no son más que palabras.

Gelly levantó la mano y se dispuso a abofetearla, pero Morie levantó el antebrazo instintivamente y bloqueó el golpe.

—Tengo cinturón marrón de Taekwondo —le dijo a Gelly con suavidad—. Si vuelves a intentar hacer eso, desearás no haberlo hecho.

Gelly soltó un grito de furia.

—¡Se lo diré a Mallory!

—Encantada —respondió Morie—. Puedo enseñarle algunos movimientos también, por si acaso lo intentas con él.

Gelly se alejó hacia la casa principal murmurando para sus adentros.

Morie negó con la cabeza al verla alejarse.

—Mala idea —dijo Darby desde detrás de ella—. Es malo tenerla como enemiga. Ya perdimos a un empleado porque le acusó de robo. Ya te hablé del tema.

—No sabe dónde se mete si intenta eso conmigo. Nadie me dice que me aparte de la gente y se sale con la suya —respondió Morie con sequedad—. No tengo interés en el jefe, por el amor de Dios. Ni siquiera lo conozco. ¡Solo trabajo aquí!

Darby le dio una palmadita en el hombro con actitud paternalista.

—Tranquila, tranquila. No dejes que te afecte. Dentro de dos días ya no te acordarás de por qué has discutido con ella. Ven a comer algo. Tenemos chili y pan de maíz mexicano que ha preparado Mavie. Es una cocinera excelente.

—Sí que lo es —convino Morie—. Perdona. Normalmente no suelo alterarme, pero me ha provocado. ¡Menuda mujer!

—Estoy de acuerdo. Pero es problema del jefe, no nuestro, gracias a Dios.

—Supongo —respondió mientras le seguía hacia el interior.

Pero allí no acabó la historia. Mallory llamó a Morie a la casa, y no sonreía cuando la hizo pasar al salón y cerró la puerta.

—Siéntate, por favor —dijo señalando un sillón de cuero en vez del sofá blanco de brocados. Ella tenía los vaqueros manchados de hierba y de barro tras ayudar con los partos. Probablemente no quisiera que el sofá se le manchara de barro, pensó.

—¿Sí, señor? —preguntó ella al sentarse.

—Gelly me ha dicho que la has amenazado.

—¿Ah, sí? —se hizo la sorprendida—. ¡Qué extraño!

Mallory se dio la vuelta y se quedó mirándola con ojos penetrantes.

—Me gustaría saber cuál es tu versión de la historia antes de decidir qué hacer.

Morie ladeó la cabeza y se quedó mirándolo.

—Se lo diré si está seguro de querer saberlo, jefe. Pero no lo suavizaré, aunque necesite el trabajo.

Él pareció sorprendido.

—De acuerdo. Trato hecho. Dispara.

—Me ha dicho que no me acercara a usted —se limitó a decir—. Después ha amenazado con hacer que me despidieran. Finalmente ha intentado abofetearme y yo se lo he impedido. Se ha marchado y yo he vuelto al trabajo.

—Faltan algunas cosas entre medias —señaló él—. Como lo que le has dicho para hacer que intentara abofetearte.

—Ha dicho que yo iba detrás de usted porque es rico y yo soy pobre —contestó ella. Las palabras resultaban dolorosas, a pesar de que no fueran ciertas —. También ha dicho que los vaqueros son apestosos y estúpidos, y que podía hacer que me despidieran si quería. Le he dicho que no me gustaban las amenazas y que tal vez debería preguntarle si es usted de su propiedad. Entonces es cuando ha intentado abofetearme.

Mallory se quedó mirándola, sin decir nada. A saber qué le habría contado Gelly sobre el incidente.

—Creo que nunca había llegado a las manos con nadie —dijo al fin—. Estaba llorando.

—Oh, vaya, lo siento —contestó Morie con sarcasmo—. Provoca una pelea, pierde y entonces se va llorando a un hombre fuerte para que lo arregle todo. ¿Así es cómo funciona?

—Soy el jefe —dijo él con la mandíbula apretada.

—Sí, así es, señor —convino Morie—. Así que, si quiere despedirme, hágalo. Hay algunos ranchos en los que aún no he intentado trabajar. Me encantaría probar.

Mallory dejó escapar un suspiro de enfado.

—Podrías admitir que te has equivocado y disculparte con ella —sugirió.

—¿Disculparme cuando estaba defendiéndome de un ataque? —preguntó ella—. ¿Cómo es eso exactamente?

—Ella dice que has empezado tú.

—Y yo digo que ha empezado ella.

Él parecía cada vez más enfadado.

—Ella es de la alta sociedad y tú eres una empleada en mi rancho. Eso es lo que marca la diferencia.

—Lo entiendo —contestó ella, e intentó controlar su temperamento—. Es cuestión de clase, ¿no? Ella es rica y yo pobre, así que ella tiene razón.

—¡Trabajas para mí, maldita sea! —exclamó él—. Y estás a esto —levantó el índice y el pulgar y los colocó a escasa distancia— de dejar de trabajar para mí.

Morie apretó los puños.

—Nadie me pega y sale indemne. ¡No me importa quién sea! Si hubiera llegado a golpearme, habría hecho que la condenaran, habría llamado a todos los periódicos y a todas las televisiones de Wyoming para asegurarme de que todos supieran lo que ha hecho.

—Me ha dicho que habías dicho que me deseabas y que ibas a por mí, y que ella se quedaría sola.

Morie puso los ojos en blanco.

—Madre mía, si usted podría ser mi padre —le dijo—. ¿En qué diablos estaba pensando?

Mallory había estado dando vueltas de un lado a otro mientras hablaban, pero se había detenido para mirarla al oír la última frase. Después se acercó a ella a toda velocidad.

La besó en los labios con una presión y una destreza que hizo que Morie se quedara sin palabras. Mientras intentaba decidir qué hacer, él la estrechó contra su cuerpo. Al principio, el beso fue una manera de expresar la rabia. Pero después se convirtió en otra cosa completamente diferente.

Morie sintió una mano grande y caliente deslizándose por su cadera, y una pierna larga y firme abriéndose paso entre las suyas. Cambió de posición para que pudiera sentirlo de manera más íntima. Estaba excitado y al parecer no le avergonzaba compartir ese hecho con ella. La presión de su boca disminuyó y se volvió más persuasiva, hasta hacer que separase los labios mientras colocaba sus caderas de manera que pudiera acercarse más.

Morie se estremeció. Ningún hombre se había lanzado sobre ella con tanta pasión, y jamás había experimentado un placer tan absoluto con el contacto físico.

Pero, cuando el contacto se volvió aún más íntimo, cuando sintió que su cuerpo le instaba a ayudarlo con esa cremallera que estaba intentando desabrochar, recuperó el sentido común.

Apartó la boca con reticencia.

—No —susurró—. ¡No!
Empujó débilmente contra su pecho. Si insistía, no sabía si podría detenerlo. No deseaba detenerlo...
Mallory estaba loco de placer. No lo había sentido en años, y menos con Gelly, que era muy fría a pesar de todo lo que flirteaba. Morie había hecho un comentario sobre su edad y eso le había herido. Pero aquello era una locura. ¡Estaba aprovechándose de una empleada!
Se apartó de ella y la miró. Estaba sonrojada y temblorosa. Pero no era por el miedo. Conocía a las mujeres. Estaba tan excitada como él. No se había resistido al beso, pero no estaba dispuesta a llegar más lejos. Se comportaba como si nunca hubiera estado con un hombre. Él frunció el ceño. ¿Quedaría aún una virgen en el mundo? A veces lo dudaba.

—No soy un hombre viejo —dijo con rabia.

Ella aún estaba intentando recuperar el aliento.

—Oh, no, desde luego no eres viejo —respondió. Aún tenía su sabor en la boca y podía oler en su ropa la colonia que llevaba.

Mallory evitó mirarla a los ojos. Nunca perdía el control. Aquello era vergonzoso.

—Perdona —le dijo con voz tensa.

Ella tragó saliva.

—No pasa nada. Pero debería volver al trabajo.

—Sí, deberías.

Morie se dirigió hacia la puerta con la esperanza de no parecer demasiado alterada y de que Mavie no estuviese allí para verla cuando se marchara.

Mallory no dijo ni una palabra. La vio marchar, rígida e incómoda, y reflexionó sobre la acusación de Gelly de que Morie iba buscando hombre rico para aprovecharse. Sabía que eso no era cierto. Tal vez fuese pobre. Tal vez incluso se hubiese fijado en el por su dinero, no sería la primera vez. Pero era inocente. Habría apostado su rancho a que lo era.

Morie evitó a los demás vaqueros cuando fue a revisar las vallas. Esperaba no parecer tan desconcertada e inquieta como en realidad se sentía. El jefe la había besado. No, eso no había sido un beso. Había sido algo mucho más descarado y sensual. Ella se había mostrado insolente y deliberadamente provocadora. Había despertado al león, pero no esperaba semejante respuesta.

Aún sentía en los labios el cosquilleo después del beso. Tal vez no fuera el hombre más guapo de por allí, pero sabía exactamente qué hacer con una mujer. Ella no había querido que parase. Eso habría sido un desastre. Tal vez quisiera oír su versión de la historia, pero era evidente que se creía parte de la historia de Gelly. Deseaba que ella se disculpase con esa bruja rubia, ¿no? Bueno, pues podía esperar sentado. Ella era la parte humillada. Gelly era quien debía disculparse.

Pero Gelly era la mujer de su vida. Era rica, guapa y con cultura. Morie tenía esas mismas características, pero no se atrevía a admitirlo. No podría mantener su trabajo si el jefe descubriera quién era su familia, lo cual le recordó otro pequeño problema. El jefe iba a celebrar una cena de gala el sábado. Morie había estado ayudando a Mavie con recetas y consejos para servir la mesa. La cocinera deseaba que la ayudase a preparar los canapés. Incluso se lo había preguntado al jefe, así que no podía negarse.

Siempre y cuando se quedara escondida en la cocina durante el evento, todo iría bien. Pero su familia se movía en los mismos círculos sociales que los hermanos Kirk. Era posible, incluso probable, que hubiera alguien en la fiesta que la reconociera. No podía dejar que eso ocurriera. Se había tomado muchas molestias para conseguir aquel trabajo, principalmente porque deseaba demostrarles a sus padres y a sí misma que podía desenvolverse sola en el mundo, sin dinero ni influencias. También estaba el asunto de que los hombres no fueran detrás de ella por su riqueza.

No iba a perder el trabajo. Simplemente tenía que mantenerse escondida en la cocina. Si se negaba a ayudar a Mavie, eso daría pie a preguntas que no podría responder, así que accedió. Pero se pondría un pañuelo en el pelo y un mono y se mantendría escondida. Solo esperaba que ninguno de los invitados se sintiese lo suficientemente cómodo como para entrar y hablar con la cocinera. Pero eso era improbable. Claro que lo era.

La casa principal estaba llena de luces, por dentro y por fuera. El tiempo era perfecto. Era una preciosa noche de primavera, con una temperatura inusualmente agradable, y los invitados entraban y salían mientras degustaban los canapés y bebían el mejor champán importado.

A Mavie le fascinaba la gente a la que estaba dando de cenar.

—¿Has visto a esa estrella de cine? —preguntó—. Acabo de ver su última película, y ahora tiene una serie en uno de los canales de pago. ¿No es guapísimo?

Morie se asomó y se rio. Conocía al actor, que era agradable y no se había dejado influir por la fama.

—Es un encanto —comentó.

—Y ahí está ese jugador de fútbol al que le pagan millones al año —continuó Mavie—. ¡Y ese es el presidente de uno de esos países desérticos!

—Philippe Sabon —contestó Morie sin pensar. Su padre conocía a aquel hombre, cuya esposa era de Texas.

Mavie la miró con suspicacia.

—He leído sobre él en los periódicos —se justificó ella—. ¡Menuda historia! ¡Es aún más guapo en persona!

Mavie asintió con énfasis.

—Sí que lo es.

—Será mejor que sigamos trabajando —dijo Morie—. ¡Mira lo rápidamente que se vacían las bandejas!

—Menos mal que tenemos muchos ingredientes —comentó Mavie.

Trabajaron sin parar durante una hora, preparando y horneando suculentos bocados para los invitados. La banda de música tocaba melodías de blues y unas cuantas parejas bailaban en el salón situado junto a la puerta del jardín.

—Deberías estar ahí dentro bailando y divirtiéndote —le dijo Mavie—. Eres lo suficientemente joven como para disfrutar de estas fiestas.

Morie se quedó mirándola con la boca abierta.

—Soy una empleada.

—Tonterías. El jefe no piensa eso.

—¿Quieres apostar? —preguntó Morie en voz baja. Ya había experimentado en primera persona lo que pensaba el jefe de las clases inferiores. Y le molestaba.

Mavie la miró.

—Ten vigilada a esa tal Gelly. Ha ido diciéndole al jefe que le has hablado como si fuera un perro y has dicho que era una inútil.

—¡Yo no he dicho eso! —respondió Morie indignada.

—Solo te digo lo que ella dice —fue la respuesta—. He conocido a muchas mujeres así a lo largo de mi vida. Ronronean cuando están con el hombre que está al mando y arañan cuando este no está. No tiene tanto dinero como aparenta. Una de mis amigas trabaja para sus padres y no le pagan ni siquiera el mínimo. Dice que se las dan de ricos, pero apenas llegan a clase media. Gelly espera cazar a un marido rico para que asegure la economía familiar. Le ha echado el ojo al jefe.

—Si el jefe está lo suficientemente loco como para casarse con ella, obtendrá lo que se merece —señaló Morie—. Esa mujer es peligrosa.

—Eso creo yo —convino el ama de llaves.

Eran casi las diez. El personal se marcharía pronto, igual que la mayoría de invitados. Morie estaba deseando irse a la cama. Llevaba en pie desde el amanecer. Además se moría de hambre, porque no había hecho una pausa para cenar. Mavie tampoco.

—Tengo mucha hambre —se quejó.

—Yo también. Guardaremos algunos canapés para nosotras —dijo Mavie riéndose—. Pondré algunos en una fuente para que te los lleves a tu habitación.

—Gracias, Mavie.

—No, gracias a ti —respondió ella—. Eres una trabajadora maravillosa. No podría haberlo hecho sola.

Morie sonrió.

—Me gusta trabajar en la cocina.

—A mí también. Llámame anticuada, pero me encanta cocinar...

—¿Dónde está la maravillosa cocinera? —preguntó una voz familiar desde la puerta. Segundos más tarde,

Danny Brannt, el tío de Morie, entró en la cocina riéndose. Se detuvo en seco cuando vio a Morie.
Ella se llevó un dedo a los labios y negó con la cabeza mientras Mavie estaba de espaldas.
—¿Quién es la cocinera? —preguntó él mirando a Mavie—. Solo quería darte las gracias por esos deliciosos canapés. Hacía tiempo que no comía nada tan bueno.
—He sido yo —contestó Mavie riéndose—, pero a mi ayudante se le ocurrieron casi todas las recetas —agregó señalando a Morie—. Se llama Morie. Yo soy Mavis, pero todo el mundo me llama Mavie.
—Encantado de conoceros a las dos —cuando miró a Morie, arqueó las cejas—. ¿Te gusta trabajar aquí? —le preguntó.
—Oh, sí, mucho —respondió ella.
Su tío apretó los labios.
—¿Puedo hablar contigo un minuto? —preguntó—. Quiero preguntarte algo sobre el canapé de la salchicha. Es para mi ama de llaves.
—Claro.
Su tío se acercó a la puerta de atrás, la abrió y dejó que Morie pasara antes que él. Le preocupaba que Mavie pudiera sospechar, pero tenía que darle una explicación.
—¿Qué diablos estás haciendo? —le preguntó su tío—. ¡A tu padre le daría un ataque si supiera que estás trabajando en un rancho a cambio de dinero!
—No puedes decírselo —respondió ella con firmeza—. Voy a demostrarle que puedo valerme por mí misma. No tiene por qué gustarle. Pero, si le dices dónde estoy, vendrá aquí y dará problemas. Le dirá al jefe lo que puedo y lo que no puedo hacer, y lo echará todo a perder. Ya sabes cómo es.

—Supongo que sí —su tío frunció el ceño—. ¿Cómo has conseguido un trabajo aquí?

—Un amigo de un amigo me dijo que buscaban gente. ¿Y qué haces tú aquí? —preguntó.

—Conocí a Cane durante un juicio. Él era amigo del demandante. Era un caso sobre terrenos que llevé en el tribunal superior en Texas. Comimos juntos y nos hicimos amigos. Santo cielo, no tenía ni idea de que vendría a su fiesta y me encontraría a mi sobrina cocinando aquí.

Ella se rio.

—Bueno, alguien tenía que hacerlo. Mavie no sabía cómo preparar canapés y mi madre prepara los mejores que he probado. También la tía Edie y vuestra ama de llaves.

—Si tu padre se entera de esto...

—No se enterará. Y, si alguna vez se entera, yo te defenderé —le prometió a su tío.

Él negó con la cabeza.

—Siempre has sido problemática, incluso de pequeña.

—Y tú siempre me has querido de todos modos, tío Danny.

—Así es —contestó su tío dándole un abrazo—. Bueno, supongo que sabes lo que estás haciendo. No se lo diré a Kingston. Pero se liará una buena cuando se sepa la verdad. Tendrás que protegerme —añadió con una sonrisa.

—Sabes que lo haré. Gracias.

—¿Qué está haciendo aquí en vez de estar trabajando, señorita Brannt? —preguntó Gelly con voz rabiosa desde la puerta—. ¡No puede tener conversaciones privadas con mis invitados, señorita cazafortunas!

Danny se acercó a la luz. La actitud de aquella mujer

hacia su sobrina le molestó. Ya se había formado una opinión sobre Gelly Bruner, y no era buena.

—No soy su invitado —dijo fríamente—. He venido a ver a los Kirk.

Ella se sonrojó y pareció dudar.

—¿Por qué no vuelve a la fiesta y deja de intentar controlar a los empleados de su novio? Tal vez debería hablar con él.

—Perdón —dijo Gelly con una sonrisa fría—. Disculpe, por favor.

Prácticamente salió corriendo.

Morie tuvo que aguantarse la risa. Su tío podía ser tan intimidante como su padre, aunque normalmente fuese el más fácil de tratar de los hermanos.

Mavie se acercó a la puerta después de que Gelly saliera huyendo. Obviamente había oído la conversación y sus ojos brillaban con placer.

—¿Quiere quedarse? —le preguntó a Danny—. Cocinaré para usted cuando quiera.

Él se rio.

—Lo siento. Tengo cosas de las que ocuparme. Los canapés estaban deliciosos. Y gracias por la receta —le dijo a Morie—. Espero volver a verte algún día.

—Lo mismo digo —respondió ella con una sonrisa—. Gracias.

Su tío se encogió de hombros.

—El placer ha sido mío —se despidió de ella una vez más antes de regresar a la fiesta.

—¿Quién es? —le preguntó Mavie.

—Un juez del tribunal supremo de Texas amigo de Cane, según parece —respondió Morie—. Quería que le explicase cómo preparar esas salchichas para que su ama de llaves las preparase para una fiesta que va a celebrar en breve. ¿Te lo puedes creer? ¡He hablado con un juez de verdad!

—Y además no era feo —agregó Mavie con una sonrisa—. ¿Le has dicho algo a Gelly? —preguntó preocupada.

—No, no he dicho nada. Pero ya has oído lo que ha dicho el juez. Ha salido para decirme que dejase de hablar con sus invitados y me pusiera a trabajar. Él ha respondido que se metiera en sus propios asuntos.

—¡Ja!

—Es un hombre muy amable —dijo Morie con una gran sonrisa—. Ojalá pudiera quedarse con nosotras.

—Sí, ojalá —Mavie parecía inquieta—. Pero te meterás en un lío.

—Siempre me meto en líos. Vamos a limpiar, porque quiero irme a la cama.

—Te pondré algunos de los canapés en una fuente.

—Gracias.

—Eres una gran trabajadora —respondió Mavie—. Me gusta tenerte cerca.

—Eso es lo más bonito que me han dicho en mucho tiempo —contestó Morie, conmovida.

Mavie simplemente sonrió.

Morie estaba sentada frente a su pequeño televisor, viendo una antigua comedia en blanco y negro mientras se comía sus canapés. Habían salido bastante bien. Era toda una sorpresa que su tío se hubiese presentado en la fiesta de los Kirk. No sabía que conociera a Cane. Al menos había logrado convencerlo para que guardase su secreto. Se estremeció solo con pensar en lo que su padre le diría a su jefe.

Sabía que su madre no le había dicho a King Brannt dónde estaba trabajando su hija, ni lo que hacía. Shelby se había limitado a decir que Morie trabajaba en unos grandes almacenes, pero no había dicho dónde. Qué ironía. Morie no habría podido venderle radiadores ni a la gente que vivía en el Yukón.

Habían pasado varios días desde que Mallory la había besado. Desde entonces había estado evitándola. O ella había estado evitándole a él. Había sido inesperado y sorprendente, pero también un delicioso interludio que se repetía una y otra vez en su mente. Le había encantado. Pero obviamente a su jefe no. Parecía que quería asegurarse de que no se hiciera ideas equivocadas. Se comportaba de manera estrictamente profesional cada vez que se dirigía a ella. Ya no había conversaciones agradables. Sólo trabajo.

Se terminó el último canapé y apagó el televisor. Tendría que levantarse al amanecer para seguir ayudando en los partos de las vacas, y aún le dolía el cuerpo después de ayudar a Darby a sacar dos terneros que no tenían ganas de nacer. Su recompensa era el chillido que soltaban los teneros cuando llegaban al mundo, se ponían en pie y recibían los lametazos de sus madres.

Era increíble ayudar a traer al mundo a un ternero. El proceso del parto le resultaba fascinante a cualquiera que trabajara con ganado. En un rancho, el ciclo de la vida y la muerte no tenía fin.

A Morie le encantaba trabajar al aire libre, lejos de la ciudad, lejos del tráfico y de la vida reglamentada. Allí, el reloj era el sol. Se levantaban con él y se iban a la cama con él. Aprendían a identificar a los pájaros por sus trinos. Identificaban las sutiles señales meteorológicas que se perdían entre tanto pronóstico electrónico. Formaban parte de la tierra. Le parecía que era el trabajo más maravilloso, aunque el sueldo no fuera gran cosa y el trabajo fuese duro y una acabase con la ropa manchada. No lo habría cambiado por desfilar en París, y en una ocasión le habían ofrecido la posibilidad. Aunque a su madre le había encantado la idea, no le había sorprendido que Morie respondiera que prefería aprender a atrapar vacas con una cuerda.

Su padre se negaba a enseñarle. Su hermano, Cort, era quien estaba al cargo del adiestramiento. El anticuado de su padre, que vivía en la Edad de Piedra, como solía decirle ella, deseaba que fuese una dama delicada y que hiciese cosas femeninas. Ella le dijo que podía trabajar con el ganado igual de bien que su hermano y que deseaba probar. Su padre se rio y se marchó. En su rancho no. Jamás.

Así que se fue al rancho de otro a probar. Había terminado la universidad. Su padre debería alegrarse de que hubiese logrado al menos una de las cosas en las que él había insistido. Ahora iba a hacer lo que realmente deseaba.

Se puso una camiseta y unos pantalones de pijama y se metió en la cama. Se quedó dormida en cuestión de segundos.

A la mañana siguiente, el jefe se acercó al granero, donde ella se encontraba alimentando a un ternero cuya madre había sido atacada por una manada de lobos. La madre había muerto y las agencias estatales habían ido a atrapar a los lobos para trasladarlos.

Mallory se quedó mirándola, con el ternero en las rodillas, y algo en su interior empezó a derretirse. Morie tenía buen corazón. Le encantaba la imagen que estaba viendo. Pero se controló. No pensaba tener más episodios vergonzosos con una empleada que después pudieran explotarle en la cara.

Ella levantó la mirada y vio que estaba observándola. Evitó mirarlo a los ojos.

—Buenos días, jefe —murmuró.

—Buenos días.

Su tono no era tranquilizador y ella suspiró.

—Supongo que vuelvo a tener problemas.

—Gelly me dijo que hiciste que un invitado la insultara cuando te dijo que volvieras a trabajar en la cocina —contestó él sin más.

Morie volvió a suspirar.

—¿Y bien? —insistió él.

—El tipo era un juez del tribunal supremo que deseaba saber mi receta de los canapés para su ama de llaves, así que salí con él para dársela —respondió con hastío—. La señorita Bruner nos interrumpió y él se enfadó por el modo en que me habló. Yo no le hice hacer nada.

—¿Un juez? —preguntó él con el ceño fruncido.

—Bueno, eso dijo —contestó ella, sonrojada. Se suponía que no debía saber a qué se dedicaban los invitados a la fiesta.

—Entiendo.

«No, no lo entiendes», pensó ella para sus adentros. «No entiendes nada. Gelly te maneja a su antojo y tú se lo permites».

Él vaciló un instante.

—Los canapés estaban muy buenos.

—Gracias. Mavie y yo trabajamos duramente.

—Sí —Mallory entornó los ojos—. ¿Cómo es que sabes tanto sobre cómo organizar una fiesta para la alta sociedad? ¿Y dónde lo aprendiste?

# CAPÍTULO 5

Morie se quedó mirándolo con los ojos muy abiertos mientras pensaba una respuesta que no la delatara.

—Eh… en el último lugar en el que trabajé —dijo—. El ama de llaves sabía todas esas cosas y a su jefe no le gustaba contratar gente, así que tuve que aprender cómo hacerlo todo para ayudarla.

—Entiendo.

—No es más que algo que aprendí y, sinceramente, preferiría dar de comer a los terneros que trabajar en la cocina —añadió—. Por si acaso tenías en mente ponerme a trabajar con Mavie en vez de aquí fuera.

—No tenía eso en mente.

—Bien.

Mallory se metió las manos en los bolsillos de los vaqueros.

—No te gusta Gelly.

—A mí no me tiene que gustar o disgustar ninguna de tus amigas, jefe —respondió ella con voz sumisa—. Yo no soy más que la recién llegada… nada más.

—Gelly se siente amenazada por ti, Dios sabe por qué —añadió él de manera inconsciente. Habría sido guapa si se arreglara el pelo, si se pusiera maquillaje y llevara ropa bonita. Pero era una muchacha desaliñada y no muy atractiva la mayor parte del tiempo. Aún le sorprendía haberla besado y haber disfrutado tanto. Intentó no pensar en ese incidente.

—No es mi problema —murmuró ella, y esperó no parecer insolente.

—Dijo que el juez parecía conocerte.

—No entiendo por qué —dijo ella con inocencia—. No me muevo en esos círculos. Aunque puede que me viera en la cocina en la que trabajaba antes.

—¿Dónde era eso? —preguntó él—. El lugar donde trabajabas antes.

Ella se quedó mirándolo sin saber qué decir. Se había inventado el nombre del lugar, aunque había dado el número del ama de llaves de una amiga que había prometido sonar convincente si alguien llamaba para pedir referencias.

—¿Y bien? —insistió él.

Morie se sonrojó y la leche empezó a gotear del enorme biberón que estaba utilizando para dar de comer al ternero. Justo cuando parecía que estaba a punto de descubrirlo todo, se oyó un fuerte ruido frente al granero. Fue seguido de una serie de blasfemias aún peores que lo que Morie le había oído decir a su padre en alguna ocasión.

Mallory salió corriendo. Morie, sintiendo curiosidad, dejó al ternero en su pesebre, el biberón en una balda cercana y siguió a su jefe.

Cane estaba lanzando cosas. Había una silla de montar tirada en el suelo. En la distancia se veía un caballo que se alejaba galopando.

—¡Imbécil, maldito hijo de…! —exclamó hasta que vio a Morie y se tragó la última palabra.

—¿Qué diablos te pasa? —preguntó Mallory.
Cane lo miró con odio. Tenía el pelo revuelto por toda la cabeza. Sus ojos marrones, grandes y fríos brillaban con mal humor y tenía los labios apretados.

—Estaba intentando ponerle la silla al viejo Bill —murmuró—. Creí que podría manejarlo. No me he subido a un caballo desde que volví a casa. El muy imbécil me ha tirado al suelo con la silla y ha salido corriendo.

La manga vacía, que llevaba enganchada al codo donde le habían amputado el brazo, resultaba conmovedora. Cane era muy sensible con su lesión. Nunca hablaba de las circunstancias en las que había perdido parte del brazo, ni sobre su servicio en el Ejército. Bebía mucho y hablaba poco. Casi todos los hombres le evitaban, sobre todo cuando empezaba a blasfemar, como en esa ocasión.

Morie suspiró y regresó al granero. Volvió a salir con otro de los caballos para montar que tenían para las visitas. Aquel era un animal tranquilo, como el que acababa de escaparse. Oyó que Mallory le decía a uno de sus hombres que fuera tras él.

Ella recogió la silla de Cane, ignorando su mirada enojada e indignada. Le colocó la silla al caballo sobre el lomo y la sujetó con destreza.

—No digas nada —le dijo a Cane cuando le entregó la brida—. Todos necesitamos ayuda de vez en cuando. No es humillante dejar que alguien te haga un favor. Aunque sea una empleada.

Él se quedó mirándola con rabia unos segundos, durante los cuales Morie pensó que probablemente se marcharía malhumorado o la reprendería por su insolencia.

Pero finalmente negó con la cabeza y dijo:

—De acuerdo. Gracias.

—De nada —contestó ella mientras le entregaba las riendas.

Cane miraba al caballo con incertidumbre. Era evidente que no había intentado montarse en uno desde que perdiera el brazo.

—Tenemos un amigo en Texas con el que solíamos ir a montar —explicó ella sin revelar demasiado—. Perdió un brazo mientras trabajaba como mercenario en el extranjero. Montaba el caballo por el lado derecho para poder usar la mano que tenía para agarrarse a la perilla y erguirse sobre la silla. Funcionaba muy bien.

Cane arqueó las cejas bajo el ala del sombrero.

—No dejas que nadie te intimide, ¿verdad?

Ella sonrió.

—Tú no eres intimidante. Es solo que a veces das un poco de miedo.

Cane volvió a negar con la cabeza.

—De acuerdo, lo intentaré. Pero, si me doy de bruces contra el suelo, estás despedida.

—No puedes despedirla —señaló Mallory—. A no ser que la contrataras tú, cosa que no hiciste. Súbete a ese caballo y vamos a buscar a las vaquillas rezagadas. Esta vez tienen razón con lo de la nieve.

Cane miró a su hermano.

—Lo intentaré.

La primera vez falló y estuvo a punto de caer al suelo. Pero volvió a intentarlo, y de nuevo una vez más, hasta que logró subirse a la silla con un suspiro y agarró las riendas con la mano. Le dio la vuelta al caballo y miró a Morie.

—Gracias.

Ella le dirigió una mirada alentadora.

—De nada.

Mallory se interpuso entre ellos.
—Vamos. Empieza a hacer calor.
—Yo iré detrás.
Mallory miró a Morie sin sonreír. No le gustaba que Cane le sonriera. No sabía por qué, y eso le enfurecía más aún.
—Tú vuelve al trabajo —le dijo, y se alejó detrás de su hermano sin decir nada más.
Morie se quedó mirándolo con rabia.
—Eso iba a hacer —murmuró—. ¿Qué pensabas? ¿Que había quedado para ir a navegar por el Caribe?
—Estás hablando sola —bromeó Darby—. Ten cuidado con eso. Intentarán ponerte una camisa de fuerza.
—Si lo hacen, les diré que el jefe me ha vuelto loca —le aseguró ella.
—Ha estado bien lo que has hecho por Cane —añadió Darby—. No había intentado subirse a un caballo desde que volvió. Pensé que se rendiría después de que el viejo Bill saliera huyendo. Ninguno de nosotros se habría atrevido a hacer lo que has hecho tú. Una vez le vi golpear a un vaquero por ofrecerse. Fue hace unos meses.
—Simplemente está herido —dijo ella—. No sabe cómo afrontarlo, cómo interactuar con la gente, cómo seguir haciendo cosas normales. He oído que no quiere ir a las sesiones de fisioterapia ni hablar con un psicólogo. Eso también le hace daño. Debe de ser horrible que un hombre tan activo y vital pierda un brazo.
—Era el campeón del rodeo —respondió Darby solemnemente—. Fue un duro golpe para él tener que dejar de competir.
—Se acostumbrará —respondió ella—. Tardará un tiempo y necesitará ayuda. Cuando se dé cuenta de eso

y empiece a ir a terapia, aprenderá a vivir con ello. Como hizo nuestro amigo.

Darby entornó los párpados.

—¡Qué amigo tan raro! Un mercenario.

—Tenemos amigos de todo tipo —respondió ella riéndose—. A mi padre le gustan los renegados y la gente rara.

—Bueno, supongo que tiene que haber de todo en el mundo —dijo él—. Y será mejor que nosotros volvamos al trabajo. Con esta crisis, es un mal momento para perder un empleo.

—¡A mí me lo vas a decir!

Cuando Cane y el jefe regresaron, ella se marchaba a revisar las vallas.

—Guárdate el chisme ese de música en el bolsillo y no te pongas los auriculares mientras estés sola, ¿entendido? —ordenó Mallory abruptamente.

Morie supo sin necesidad de preguntar que Tanque le habría contado que se la había encontrado moviendo la rama del árbol.

—De acuerdo, jefe.

—¿Qué tipo de música te gusta? —preguntó Cane.

—De todo —respondió ella con una sonrisa—. Ahora mi favorita es la banda sonora de *El triunfo de un sueño*.

Él arqueó las cejas.

—Qué bien. A Tanque le encanta también. Se compró la partitura. Sigue intentando dominarla.

—¿Dalton toca? —preguntó ella. Se sonrojó y se rio cuando Mallory se quedó mirándola—. Me fijé en el piano de cola que hay en el salón. Me preguntaba quién lo tocaría.

—Tanque es bueno —respondió Cane con una sonrisa. Después señaló a Mallory con la cabeza—. Él también toca. Claro, no tiene oído, pero eso no le impide intentarlo.

—Yo toco mejor que Tanque —se defendió Mallory, ofendido.

—No es lo que dice él —observó Cane.

—Ya hemos reparado la valla —le dijo Mallory a Morie—. No deberías haber intentado mover esa rama tú sola —se quedó mirando fijamente el arañazo que tenía en la mejilla.

Ella se lo tocó avergonzada.

—Solo me rozó. Las heridas me cicatrizan bien.

—Incluso yo habría llamado a alguien para que me ayudase —insistió Mallory.

Ella arqueó las cejas.

—¿No eres tú el mismo hombre que intentó levantar el extremo delantero de un coche aparcado porque estaba bloqueando el acceso al granero? —preguntó con una sonrisa.

—Normalmente habría llamado a alguien para que me ayudara. Soy el jefe. No cuestiones lo que hago… simplemente haz lo que te digo.

—Oh, sí, señor —respondió ella.

—Y deja de reírte —murmuró Mallory.

—¡No estaba riéndome!

—Te reías por dentro, donde pensabas que no podía oírte. Pero puedo oírlo.

—Está bien —contestó ella.

Él negó con la cabeza.

—Vámonos —le dijo a su hermano.

Pero Cane no le siguió. Seguía mirando a Morie con unos ojos que veían más que los de él.

—¿Sabes? Me resultas muy familiar —le dijo, y frunció ligeramente el ceño—. Creo que ya te he visto antes en alguna parte.

Morie había tenido la misma sensación al ver a Cane. Pero no lo recordaba de ninguna de las fiestas de su padre. Sin embargo, era posible que hubiera ido con uno de los grupos de ganaderos que visitaban con frecuencia Skylance para ver el ganado de King Brannt. No estaba segura. Se puso nerviosa. No quería que Cane recordase dónde la había visto, si acaso la había visto.

—Supongo que tengo ese tipo de cara —dijo ella con expresión de inocencia—. Dicen que todos tenemos un doble en alguna parte, alguien igual que nosotros.

—Puede que sea cierto —hizo una pausa durante unos segundos—. Ha sido muy amable por tu parte que ensillaras al caballo por mí. Siento haber sido tan brusco.

—No ha sido nada. Además, estoy acostumbrada a la brusquedad. Trabajo para él —explicó señalando a Mallory.

—Una palabra más y serás historia —respondió Mallory, aunque en sus labios podía verse una ligera sonrisa.

Morie se rio y volvió al trabajo.

Aquella noche echaban en uno de los canales clásicos una serie de antiguas películas protagonizadas por Maria Kane, la abuela de Morie. Resultaba fascinante ver su trabajo, ver rasgos de Shelby e incluso de sí misma en aquel rostro hermoso y delicado.

—Ojalá te hubiera conocido —susurró sentada frente a la pantalla. Pero Maria había muerto incluso antes de que Shelby se casara con Kingston Brannt. De hecho, su funeral había sido el catalizador que había convencido a King de que no podía vivir sin Shelby.

Morie lo sabía todo sobre el romance de sus padres. King y Shelby habían sido enemigos desde que se conocieran. Su madre y el hermano de su padre, Danny, habían sido buenos amigos que salían juntos de manera puramente platónica. Después, Danny le pidió a Shelby que fingiera estar prometida con él y la llevó a Skylance. En su momento, King dejó claro que no le caía bien Shelby. Eso hizo que la tratara mal, cosa de la que después se arrepintió. Shelby, al recordarlo, decía que King la había tratado como a una princesa desde el día de su boda, intentando compensarla por su anterior comportamiento y sus palabras desagradables. King había cambiado tanto que Shelby a veces se preguntaba si seguiría siendo el mismo hombre que había conocido al principio, según le contó a su hija.

—No puedo imaginarme a papá siendo malo contigo —había contestado Morie entre risas—. Te compra flores y bombones a todas horas, te regala algo cada vez que se va de viaje, te cubre de joyas, te lleva de compras a París...

—Sí. Es el marido más maravilloso que cualquier mujer podría desear, ahora —había respondido Shelby con una sonrisa—. Pero tú no lo conocías antes. Fue un cortejo muy difícil. Estaba dolido por otra relación y lo pagó conmigo —suspiró y sonrió por algún recuerdo secreto—. Yo estaba desfilando en la Semana de la Moda de Nueva York y él se presentó entre el público. Me tomó en brazos y me sacó del edificio. Yo pataleaba y protestaba, pero él no se detuvo.

Morie se echó a reír.

—Puedo imaginarme a papá haciendo algo así.

Shelby suspiró de nuevo con la mirada perdida.

—Tomamos café y tuvimos un malentendido. Me llevó de vuelta a mi apartamento, dispuesto a despedirse para siempre.

—¿Y qué ocurrió entonces? —preguntó Morie, fascinada por el hecho de que sus padres hubieran sido jóvenes como ella en otra época. Le costaba trabajo imaginárselos como una pareja que salía.

—Le pedí que me diera un beso de despedida —continuó su madre, y de hecho se sonrojó—. Nos prometimos en el coche y nos casamos tres largos días después. Nunca conoces realmente a una persona hasta que no vives con ella, Morie —añadió con cariño—. Tu padre siempre parecía ser el hombre más duro, más enfadado y más intratable de la tierra. Pero, cuando estábamos solos… —se aclaró la garganta y se sonrojó más aún al recordar su tempestuosa y apasionada noche de bodas, y el increíble placer que les había mantenido en la habitación del hotel durante dos días y dos noches a base de agua y chocolatinas durante un maratón de sexo en el que habían concebido a su primer hijo, Cort. Tenían tantas ganas de estar juntos que no se habían parado a tomar precauciones. Pero ambos deseaban tener hijos, así que no había supuesto un problema. El recuerdo era tan conmovedor que aún hacía que se le pusiera la cara roja.

Morie se rio.

—Mamá, te has sonrojado.

Shelby se rio tímidamente.

—Sí, bueno, tu padre es único en algunos aspectos, y no voy a hablar de ello. Es demasiado personal. Solo espero que seas la mitad de afortunada de lo que he sido yo cuando elijas marido.

Morie frunció el ceño.

—Si no salgo de aquí, nunca me casaré. Todos me desean porque tengo un padre rico.

—Algún hombre te deseará por lo que eres. El contable fue una mala elección. Estabas vulnerable y él era un depredador —dijo Shelby con cierta rabia—. Fue muy afortunado al marcharse del pueblo antes de que tu padre pudiera atraparlo.

—Es cierto —Morie se quedó mirando a su madre—. ¿Por qué papá no me deja trabajar en el rancho como a Cort?

—Su padre y él son muy parecidos en algunas cosas —respondió Shelby—. Jim Brannt lo educó para que tuviera gran respeto por las mujeres y para entender que son demasiado delicadas para el trabajo físico —negó entonces con la cabeza—. Supongo que parte de eso es culpa mía. Ya sabes que yo vivía con mi tía y ella era igual. No quería que levantara un solo dedo porque las damas no hacían eso. Por otra parte, ella odiaba a mi madre. Tampoco quería que acabara siendo como ella.

—A veces echan películas de la abuela en televisión —dijo Morie—. Era una actriz maravillosa. Dicen que se casó con cuatro hombres.

Shelby asintió.

—El último era el mejor... Brad. Murió en un accidente de tráfico después de que yo me casara con King.

—¿La abuela se suicidó o fue solo un rumor malicioso?

—Yo nunca lo supe —confesó su madre—. Brad dijo que fue una sobredosis porque el estudio la había despedido. Pero mi tía había dicho con frecuencia que no tenía una personalidad suicida. Tal vez se tomó accidentalmente demasiadas pastillas para dormir. Me gustaría pensar que fue eso.

—Tal vez lo fue.
Shelby la había abrazado.
—En cualquier caso, no querrás ir por ahí cubierta de barro y de excrementos de vaca, ¿verdad? Aunque también te ensuciaras estudiando Arqueología, al menos eso era una suciedad limpia.
Morie se había echado a reír a carcajadas.
Su padre había entrado en la habitación durante la conversación. Parecía satisfecho al darle un beso y un abrazo a Shelby.
—Tengo entradas —le dijo.
—¿Para *El pájaro de fuego*? —preguntó Shelby entusiasmada—. ¡Pero si estaban agotadas!
—He convencido al viejo doctor Caldwell para que renunciara a las suyas. Creía que su mujer iba a matarme a besos, porque ella odia a Stravinsky —contestó su padre, y sacó del bolsillo de su camisa las entradas, que le entregó a Shelby.
—¿Cuándo vamos? —preguntó ella.
—Esta noche —miró a Morie y le dio una palmadita cariñosa en la mejilla—. Lo siento, hija, no he podido conseguir otra entrada.
—No pasa nada, papá —respondió ella con una sonrisa—. A mí me gusta más Debussy. Stravinsky es demasiado experimental para mi gusto.
—¿Quieres un vestido nuevo para ponértelo esta noche? —le preguntó King a Shelby—. Podemos volar a Dallas para ir a Neiman Marcus.
—Tengo un precioso vestido nuevo en el armario que estaba reservando —se pegó a él y se vio rodeada por sus brazos—. Gracias, cariño.
King le dio un beso en la cabeza.
—Nada es demasiado para mi chica.

Al verlos, Morie se había dado cuenta de que su amor no había hecho más que intensificarse desde que se casaran. Seguían siendo como unos recién casados, a veces se perdían el uno en el otro y se olvidaban del resto del mundo. Ella había esperado encontrar ese tipo de romance en su vida, y nunca lo había encontrado. Cort también decía que sus padres eran perfectos el uno para el otro y que envidiaba esa relación.

A Cort le gustaba la hija del vecino y amigo de King, Cole Everett, que tenía un hijo y una hija y vivía en el Rancho Big Spur. Solían intercambiar toros de cría e iban juntos a convenciones. Odalie Everett era rubia y con los ojos azules como su hermosa madre y, aunque no era realmente guapa, tenía una voz conmovedora y clara. Sonaba igual que su madre, salvo que Heather era una famosa cantante contemporánea antes de casarse con su hermanastro, Cole, y Odalie estaba entrenando para ser cantante de ópera. Sus padres estaban en contra de que tuviera algún tipo de relación con un hombre debido a sus aspiraciones musicales. Sería difícil para ella triunfar en ese mundo tan competitivo y, al mismo tiempo, formar una familia. Tenía una voz que había sido alabada por críticos desde California hasta Nueva York, e incluso había empezado a estudiar ya en la Ópera de Nueva York. Como no era de extrañar, Cort nunca había expresado abiertamente sus sentimientos por ella. De hecho, fingía no sentir nada. Había sido enemigo de Odalie durante años por razones que nadie entendía. Y mucho menos la pobre Odalie, que lo adoraba.

Morie regresó al presente. Tenía sus propios problemas. Su hermano tendría que aprender él solo a amar. Devolvió la atención al televisor cuando terminó la publicidad y su abuela volvió a aparecer en pantalla en todo su esplendor.

Cuando terminó la película, Morie se miró en el espejo y le sorprendió ver que era casi la imagen de su abuela. Si se hubiera puesto maquillaje y se hubiera arreglado un poco el pelo, podrían haberla confundido con Maria Kane. Así que había sido buena idea descuidar su melena y olvidarse de los cosméticos para trabajar en el Rancho Real. No sería bueno que la gente que veía películas antiguas se diera cuenta del parecido y empezase a hacer preguntas.

A la mañana siguiente, Darby le ofreció un teléfono móvil.

—El jefe ha dicho que te lo entregara y que me asegurase de que lo lleves siempre que estés sola. ¿Sigues llevando en las alforjas la pistola que te di?

—Sí —respondió ella—. ¿Han atrapado ya al asesino fugado?

Darby negó con la cabeza.

—Es un cazador. Conoce estos bosques como la palma de su mano y es capaz de vivir de la tierra. Les llevará un tiempo localizarlo. Además tiene parientes por aquí y el sheriff cree que algunos de ellos podrían estar ayudándole a esconderse.

—Yo no sé si ayudaría a un asesino a escapar de la justicia —advirtió ella.

—¿Y si fuera tu hermano o tu padre? —preguntó él.

Morie suspiró.

—Esa decisión es más difícil.

—El asesino tiene un primo que creen que podría ayudarle. Tienen su casa vigilada. Están seguros de que

Bascomb estará cobijado en algún lugar. Pero la casa del primo está a kilómetros de aquí. No creo que Joe Bascomb aparezca en el rancho.

—No tiene nada contra los Kirk, ¿verdad? —preguntó ella, un poco preocupada.

—No que yo sepa —respondió Darby—. De hecho, Tanque testificó a su favor durante el juicio. Sigue pensando que es inocente.

—¿Qué hizo?

—Mató a un hombre que, según él, estaba dándole una paliza a su novia. Dijo que no pretendía hacerlo. Le golpeó, cayó contra una pared de ladrillo, se dio en la cabeza y murió. Habría sido considerado como homicidio involuntario, pero la novia de pronto testificó que le golpeó al hombre la cabeza contra el muro y que lo mató deliberadamente.

—¿Por qué iba a mentir? —preguntó ella.

—Le gustaba Bascomb, pero él estaba enamorado de su difunta esposa y no quería saber nada de esa chica. El tema es que ella le llamó para que fuese a ayudarla porque le tenía miedo a su nuevo novio. Como a Bascomb le caía bien, fue a verla. El novio la había golpeado una o dos veces y Joe Bascomb intervino para salvarla. Fue un esfuerzo noble. La salvó y le dijo que ya estaban empatados, porque no saldría con ella, aunque ella lo negó en el juicio. Eso hizo que le condenaran. Con posibilidad de ser castigado con la pena de muerte. Se escapó del furgón, con esposas y cadenas en las piernas, y se ocultó en el bosque. Encontraron las esposas y las cadenas más tarde —Darby sonrió—. Joe es herrero. Supongo que no le costó trabajo liberarse.

—Me parece un hombre decente.

Él asintió.

—Más de un hombre decente ha ido a la cárcel por las palabras de una mujer resentida —miró el reloj—. Será mejor que te vayas, o llegarás tarde a comer.
—Ya voy.
Morie ensilló a su caballo y se marchó.

Al menos ya no tenía que preocuparse tanto por el asesino fugado, ahora que sabía por qué había sido condenado. Pero, claro, estaría desesperado y ella no quería encontrarse con él ni amenazarlo. Aunque comprendía su situación. Por desgracia, no parecía haber manera de salvarlo. Iría a prisión de por vida o moriría en la silla eléctrica por voluntad de algún juez. No le parecía bien.

No encontró más trozos rotos en la valla. Hacía muy buen tiempo. La nieve que habían anunciado no se materializó. Todo estaba verde y frondoso y por fin se quitó la chaqueta porque hacía calor.

Se detuvo junto a un arroyo y cerró los ojos para escuchar el borboteo del agua. Empezó a relajarse. Oyó que una ramita se partía. Se dio la vuelta y miró a su alrededor, apretando con fuerza la brida. Menos mal, porque el caballo dio un respingo al oír el sonido. Los caballos eran criaturas nerviosas, y normalmente por una buena razón. En una ocasión había visto a uno soltarse del poste al que estaba amarrado y saltar una valla solo por una cacerola que había caído al suelo en la cocina.

—¿Qué sucede, chico? —le preguntó suavemente, y volvió a mirar a su alrededor con cierta inquietud.

Nada se movió, pero prefirió no arriesgarse. Se subió al caballo y salió galopando hacia el rancho.

Más tarde se lo contó a Mallory cuando este regresó a casa. Lo encontró en la cocina bebiendo café con Mavie. Parecía preocupado.

—No sería raro que Joe apareciese aquí. Tanque le ayudó en el juicio y cree que es inocente —dijo Mallory—. Pero el hecho es que se trata de un asesino convicto. Si le ayudas, o si Tanque le ayuda, habrá consecuencias. Recuérdalo.

—Yo no he visto a nadie —protestó ella—. Solo he oído una rama crujir, como si alguien la hubiera pisado. Pensé que debería decírtelo, por si acaso. Supongo que podría haber sido algún animal.

—Podría. O podría haber sido Joe Bascomb —añadió él—. Mantén los ojos abiertos. ¿Darby te ha dado el teléfono móvil?

Ella asintió y se lo mostró.

Mallory entornó los párpados al mirarla.

—Cane dijo que creía haberte visto antes. Y, ahora que lo pienso, sí que me resultas familiar.

—Ya le dije que… que tengo ese tipo de cara —se rio. No podía reaccionar a aquel comentario—. Puede que me parezca a alguien que recuerdas.

Él frunció el ceño.

—No creo. Tanque y yo estábamos viendo una película antigua en el canal clásico. La protagonista era esa actriz que se suicidó. ¿Cómo se llamaba? Kane —dijo finalmente—. Maria Kane. Eso es. Me recuerdas a ella.

—¿De verdad? —Morie sonrió abiertamente para disimular su incomodidad—. ¡Gracias! ¡Creo que era muy guapa! Yo también vi esa película. Me gustan las películas en blanco y negro.

Con eso le distrajo, como era su intención.

—A mí también. Me gustan Randolph Scott, Gary Cooper y John Wayne.
—A mí Bette Davis.
—Muy dura. A mí me gustan las mujeres femeninas.
Morie cambió de postura incómodamente. Aquello era una declaración en toda regla. Probablemente Gelly Bruner fuese su ideal de mujer. Ya había dicho que le gustaba la actriz rubia de la película del hombre lobo. Gelly era rubia, tenía los ojos azules y además era guapa. Ella, con su pelo oscuro, sus ojos marrones y su piel bronceada, nunca sería de su agrado. Tal vez le gustara besarla, pero no la miraba como si deseara algo más de ella.
—¿Alguna vez te pones algo que no sean pantalones y camisetas con frases o dibujos? —le preguntó de pronto.
Morie se quedó mirándolo.
—Me costaría mucho ayudar a parir a una vaca llevando un vestido —contestó con seriedad.
Mallory soltó una carcajada.
—¡Maldita sea!
—Bueno, es la verdad —agregó ella.
Él se limitó a beber café.
—Supongo que sí —murmuró.
Se oía música de piano procedente del salón. Al principio era suave y hermosa, después se oyeron algunos fallos y finalmente un golpe.
—¡Maldita sea! —exclamó Tanque.
Le oyeron levantarse y a los pocos segundos apareció en la cocina. Miró a Morie.
—No le pillo el ritmo a esa coda. ¿Tienes aquí el iPod con las bandas sonoras?
—No —respondió ella. Lo había dejado en su habitación—. Pero puedo enseñártelo.

Tanque frunció el ceño.

—¿Sabes tocar el piano?

Mallory también se quedó mirándola fijamente.

—Más o menos.

—Más o menos —Tanque la agarró de la mano y tiró de ella hacia el salón. Después la sentó ante el piano de cola—. Demuéstramelo.

# CAPÍTULO 6

—Aprendí a tocar un poco el piano en el último trabajo que tuve —protestó Morie para negar sus años de clases de piano—. Ahora mismo no podría hacer ni una octava.

—¿Sabes solfeo? —preguntó Tanque.

—Sí. Un poco.

—Entonces, adelante. Toca.

No sabía cómo librarse de aquello. Le harían todo tipo de preguntas si supieran lo bien que tocaba. En la universidad le habían ofrecido una beca de música, pero la había rechazado. Sus padres podían permitirse su educación y la beca podría ayudar a alguien que no tuviera tantos medios.

Tras vacilar durante un minuto, colocó los dedos sobre las teclas y se quedó mirando la partitura que tenía ante ella.

Encontró los pedales con el pie, apoyó las manos sobre el teclado y de pronto comenzó a tocar.

Mallory, de pie en la puerta, se quedó sin palabras. Tanque, que estaba más cerca, sonrió mientras se sentaba en un sillón. Un minuto más tarde, Cane oyó la música, entró en la sala y se sentó también en el sofá.

Perdida en la música, Morie tocaba con alegría. Hacía semanas que no tenía acceso a un piano y aquel era de una calidad excelente. Además lo habían afinado recientemente. Los sonidos que producía eran tan exquisitos como la partitura que estaba tocando con tanta intensidad.

Cuando llegó al crescendo final y tocó las últimas notas, la habitación quedó en completo silencio y después todos comenzaron a aplaudir.

Ella se puso en pie, avergonzada y sonrojada.

—Solo toco un poco —se justificó—. Gracias.

Mallory estaba mirándola con los párpados entornados.

—Estás llena de sorpresas, para ser una pobre vaquera —observó con cierta suspicacia.

Ella se mordió con fuerza el labio inferior.

—Todos tenemos algún talento natural. Yo siempre supe tocar. Durante mucho tiempo tocaba de oído, después una mujer muy amable me dio clases donde trabajaba —de hecho había sido Heather Everett, que tocaba igual de bien que cantaba.

—¿Y dónde dices que fue eso? —preguntó Mallory.

Pero en esa ocasión no le pilló por sorpresa.

—En el rancho Story, a las afueras de Billings —sabía que habían vendido el rancho tras la muerte del dueño. No había nadie que pudiera negar su historia. Y siempre podría darle el número del ama de llaves que había prometido apoyar su coartada.

Mallory pareció decepcionado.

—Entiendo.

—Era maravilloso trabajar para él —explicó ella—. Tenía un piano y me dejaba practicar con él. Me quedé destrozada cuando murió —estaba segura de que habría sido así, de haberlo conocido. Su padre hablaba con gran cariño del anciano. Lo conocía de las convenciones de ganaderos.

—Tienes verdadero talento —observó Cane—. ¿Has pensado en dedicarte a ello?

—Calla —dijo Mallory mirando con odio a su hermano—. No quiero tener que buscar a una nueva empleada que cuide de mis vacas porque ella —añadió señalando a Morie— quiera encontrar un contrato discográfico.

—Debería usar su talento —argumentó Cane acaloradamente—. Está malgastando su vida trabajando por una minucia, dejándose la salud mientras retira las ramas caídas de las vallas. A la larga, todo este trabajo físico acabará pasándole factura. ¡Ni siquiera tiene la constitución adecuada para realizarlo!

Mallory lo sabía, pero le molestaba que su hermano tuviera que decírselo.

—Ella pidió el trabajo y estaba dispuesta a hacer cualquier cosa que fuese necesaria —respondió.

Cane se puso en pie con brillo en la mirada.

—¡Y tú te estás aprovechando de eso!

—Podrías enviar a alguien con ella a revisar las vallas —intervino Tanque colocándose entre ambos hermanos. Le dirigió una sonrisa a Morie, que contemplaba con horror contenido el enfrentamiento que ella misma había provocado de forma inocente—. De hecho, yo podría ir con ella. Tengo tiempo libre de sobra.

—O podría ir yo —aseguró Cane—. Tú tienes que trabajar en el marketing para la feria. Yo soy quien más tiempo libre tiene.

—¡Ella trabaja para mí, maldita sea! —exclamó Mallory—. Yo le diré lo que tiene que hacer. ¡Vosotros no contratáis ni despedís! ¡Los problemas con el personal son asunto mío!

—¡Yo no soy un problema! —se defendió Morie—. Escuchad, a mí no me importa hacer lo que exija el trabajo, sinceramente. Agradezco vuestra amabilidad. Pero simplemente trabajo aquí. No soy más que una trabajadora.

Todos se quedaron mirándola.

—Tus manos son muy valiosas —respondió Cane con ternura y emoción, ya que él solo tenía una y sabía mejor que sus hermanos lo valiosas que eran—. No debes ponerlas en riesgo con el trabajo físico.

—¡Entonces le compraré unos malditos guantes! —respondió Mallory—. ¿Queréis que, ya que estoy, contrate a alguien para que sea su acompañante?

Morie se sentía mareada. Agachó la mirada y se apartó.

—Volveré al trabajo —dijo en voz baja—. No pretendía causar problemas. Lo siento mucho.

Salió por la puerta antes de que pudieran detenerla.

—Oh, eres un auténtico príncipe —le dijo Cane a su hermano mayor—. ¡Ahora se ha disgustado!

—Debería ir tras ella —dijo Tanque.

—Yo iré tras ella —respondió Cane secamente, y se dirigió hacia la puerta.

—¿Qué diablos os pasa a vosotros dos? —preguntó Mallory con vehemencia—. ¡Es una empleada!

Ambos lo miraron con rabia.

—Ya os habéis olvidado de Vanessa, ¿verdad? —les preguntó con una sonrisa fría—. Cuando la pillamos, estaba pasándole por la ventana a su amante las reliquias de nuestra familia —les recordó—. Era dulce y cariñosa, la mejor cocinera de la zona. Nos mimaba. Nos llevaba chocolate caliente y galletas al granero bajo la nieve cuando no podíamos abandonar a los toros enfermos. Nos preparaba sopa cuando teníamos que hacer turnos para quedarnos en las cabañas. Nos trataba como a príncipes. Y durante todo ese tiempo estuvo poniéndole precio a todo lo que había en los armarios, a los cuadros, a la plata, a la porcelana y a la cristalería que llevaban cien años en nuestra familia.

Sus hermanos parecieron avergonzados.

—Ella también traía unas referencias excelentes —continuó Mallory—. Pero al final resultó que eran falsas. Mintió incluso cuando la pillamos con las manos en la masa. Su amante le había obligado a hacerlo. Ella era inocente. Le encantaba trabajar para nosotros. Haría cualquier cosa si la perdonábamos y le permitíamos regresar. Incluso testificaría contra su amante.

—Pero tenía muchos antecedentes —intervino Tanque.

—Y un gran talento para la mentira —añadió Cane.

—Y estuvimos a punto de perder el rancho porque nos demandó por difamación y acoso sexual, cosa de la que éramos inocentes.

—Suerte que el jurado nos creyó —respondió Cane.

—Suerte que teníamos el mejor abogado de Wyoming —convino Mallory—. No podemos permitirnos confiar en gente a la que no conocemos. Gelly ya desconfía de Morie y ya me ha contado en un par de ocasiones historias sobre ella que después niega o a las que quita importancia. No confío en ella —no añadió que su atracción física hacia ella era una de las principales razones. Le hacía sentirse vulnerable. No podía permitirse confiar en sus instintos, pues tal vez le guiaran por un camino oscuro y peligroso—. Sabe preparar canapés y organizar una cena de gala. Además toca el piano como una profesional. No encaja con su currículum.

—Entonces, ¿cuál crees que es su verdadero pasado? —preguntó Cane.

—Piénsalo —respondió Mallory—. Una mujer que quisiera introducirse en una casa rica, sin llamar la atención sobre su pasado, fingiría no saber nada sobre la gente adinerada. Pero, en el fondo, sabría cómo viven, lo que hacen. Conocería sus costumbres y sus gustos. Después sacaría esos talentos, poco a poco, para aumentar el misterio y ser aceptada.

—Estás paranoico —contestó Tanque—. Gelly te ha envenenado en contra de Morie.

—Ya iba encaminado en esa dirección —le aseguró Mallory—. No nos ha dicho la verdad sobre su pasado. Estoy seguro.

—Eso no significa que sea un pasado turbio —señaló Cane—. Durante un tiempo, Vanessa nos hizo desconfiar de las mujeres. Por eso contratamos a Mavie, que no es joven, ni guapa, ni está interesada en nosotros. Pero Morie podría ser sincera.

—Y podría no serlo —argumentó Mallory—. Solo creo que debemos tenerla vigilada y no confiar demasiado en ella. Como si fuera cualquier otra nueva empleada.

Estaban todos de acuerdo. Se habían dejado encandilar porque parecía dulce, amable y servicial. Pero podría ser todo fachada. Sabían por experiencia lo crédulos que podían llegar a ser los tres.

—Supongo que tienes razón —admitió Cane con solemnidad.

—Siempre tengo razón —respondió Mallory—. Soy el mayor.

Tanque lo miró con rabia.

—Solo por dos años. No te lo creas demasiado.

Mallory se carcajeó.

—Será mejor que volvamos al trabajo.

Morie se había quedado desconcertada por la discusión. Estaba preocupada cuando fue a la habitación de las monturas a por su brida y su silla para ir a revisar la valla. Había una gran extensión de vallas en el rancho. Nunca había visto tantos kilómetros, salvo en el rancho de su padre. Aquella era una gran porción de tierra y estaba rodeada por kilómetros y kilómetros de vallas.

Darby la miró cuando salió.

—¿Algún problema? —preguntó amablemente.

Ella vaciló y asintió con la cabeza.

—¿Otra vez Mallory?

—He dado pie a una discusión. No era mi intención. Solo estaba tocando el piano.

Él arqueó las cejas.

—¿Eras tú? —preguntó sorprendido—. ¡Pensé que sería un disco que habían puesto!

Morie miró tímidamente hacia el suelo.

—Di clases de piano durante casi diez años —murmuró—. Me encanta tocar. Tanque, quiero decir el señor Kirk, tiene la partitura de esa película, *El triunfo de un sueño*, y, al enterarse de que sabía tocar, me ha pedido que se la enseñara. Así que lo he hecho. Pero entonces los hermanos han dicho que no debería arriesgar mis manos haciendo trabajo físico y Mallory, quiero decir el señor Kirk, se ha enfadado y ha dicho que me contrató para hacer el trabajo del rancho...

—Entiendo lo que quieres decir —respondió Darby—. Debe de haber sido desagradable.

Ella volvió a asentir y tomó aliento.

—No pretendía causar problemas. Era maravilloso tener un piano en el que tocar —sonrió—. Toda mi vida me ha encantado la música. También sé tocar la guitarra clásica, y antes llevaba conmigo una guitarra allá donde fuera. Pero no puedes meter un piano en la maleta, así que perdí la costumbre de tocar —cerró los ojos—. Oigo sonatas en mi cabeza cuando me voy a la cama. Nunca he visto una partitura clásica que no me gustara. Especialmente Debussy…

—¿Ahora te pago para hacer la crónica musical? —preguntó Mallory con frialdad desde la puerta.

Ella dio un respingo y estuvo a punto de dejar caer la silla.

—Lo siento, jefe. Lo siento —salió corriendo por la puerta con la silla al hombro y estuvo a punto de tropezar al bajar los escalones aceleradamente.

Darby estiró una mano y le dio la vuelta a Mallory.

—Relájate —le dijo con tono amenazador—. La chica ya ha tenido bastante por hoy.

Mallory le apartó la mano y se quedó mirando con rabia a su encargado.

—No me presiones.

—Entonces no la presiones a ella —dijo Darby—. ¡Mírala, por el amor de Dios!

No deseaba hacerlo, pero lo hizo. Morie estaba intentando hacerse con el control de la silla. Le temblaban las manos y las lágrimas resbalaban por sus mejillas. Mallory sintió como si estuvieran atravesándole el corazón con un cuchillo.

—Si yo fuera ella, dejaría el trabajo ahora mismo —

añadió Darby—. Y, cuando vuelva esta noche, le voy a recomendar que haga eso mismo. Conozco a un par de rancheros que necesitan ayuda...
—Mantendrás la boca cerrada o serás tú el que se marche —le dijo Mallory furioso—. No interfieras.
—Entonces deja de tratarla como si fuera la peste —fue la respuesta de Darby—. Sinceramente, ¿qué es lo que te pasa? ¡Nunca te había visto tratar a una muchacha de ese modo!
—No es ninguna muchacha —protestó Mallory—. Es una mujer —él lo sabía mejor que Darby.
—Bueno, quizá sea así —admitió Darby—. Aun así, es dos veces más adulta que esa insoportable mujer que llevas contigo a todas partes —le dijo al jefe—. Estás permitiendo que te predisponga contra Morie. Está haciendo que desconfíes. Ahora ves defectos en todo lo que hace Morie. Y todo porque tus hermanos y tú os dejasteis engañar por Vanessa Wilkes. Es tu orgullo el que te hiere y te hace sospechar de todos. Incluso del viejo Harry. Él no robó aquel taladro. Tu novia estaba en el barracón justo antes de decirte que le había visto llevárselo. Ella le inculpó y tú se lo permitiste.
—Ya es suficiente —dijo Mallory con actitud amenazadora—. Era culpable.
—No lo era, pero sabía que nunca te convencería mientras Gelly estuviera aquí. Ahora está intentando hacer lo mismo con Morie, para lograr que la eches. He conocido a gente buena y a gente mala. Te advertí sobre Vanessa y no me hiciste caso. Ahora te aseguro que Morie no es así. Ella es auténtico oro. Si no tienes cuidado, arruinarás su vida. Puede que también la tuya propia.
—No es lo que parece ser —dijo Mallory.
—¿Quién lo es? —preguntó Darby con una sonrisa—.

Pero no es mala. Está huyendo de algo. No sé de qué. Pero no tenía ni idea de cómo trabajar en un rancho, te lo aseguro.

—¿Qué?

—Estaba desesperada por conseguir un trabajo —explicó Darby—. Así que le enseñé a hacer las tareas, a bañar al ganado, a marcarlo, a apilar el heno, a revisar las vallas y a ayudar en el parto de las vacas. Has de admitir que se ha convertido en una de las mejores empleadas que hemos tenido jamás. Trabaja a todas horas y nunca se queja por nada. ¿Y crees que alguien así podría no ser sincera? ¿No se quejaría a la mínima e intentaría librarse del trabajo duro?

—No lo sé —confesó Mallory—. Vanessa hizo que me lo cuestionara todo. Ya no estoy seguro de nadie.

—Si deseas desconfiar de alguien, fíjate bien en Gelly Bruner —le aconsejó Darby—. Hay algo turbio en ella.

—No es más que una amiga —murmuró Mallory.

—Ella no piensa lo mismo. Te desea. Y encontrará la manera de librarse de Morie. Recuerda mis palabras. No va a permitir que se quede aquí.

—Es mi rancho. Yo contrato y yo despido.

—¿Eso crees? Ya veremos. Mientras tanto, ¿y si te relajas un poco con Morie? A saber qué habrá tenido que soportar en su vida para acabar aquí, haciendo un trabajo para el que no estaba preparada. Me duele ver el arañazo que tiene en la cara. Tiene una piel perfecta. Podría haber sido modelo.

Mallory frunció el ceño. No se había parado a pensar en su piel ni en su pasado. Solo le preocupaba que pudiera ser una estafadora. Tendría que mirarla con más atención. Por un lado, desconfiaba. Por otro, confiaba en

la opinión de Darby aunque no pudiera confiar en la suya propia.
Le dio una palmadita en el hombro a su encargado.
—Jamás podría desconfiar de tus palabras, viejo pirata.
Darby sonrió.
—Yo siempre te diré la verdad. Aunque no quieras oírla.
Mallory suspiró. Morie se había ido galopando, aún llorando. Él se sentía como si fuera un villano.
—Creo que voy a ir a dar un paseo.
Darby sonrió.
—Buena idea. Hazlo.

Morie se detuvo junto al arroyo y se bajó del caballo. Se lavó la cara en el agua y utilizó el único pañuelo que llevaba para secarse las lágrimas. Era ridículo permitir que aquel hombre horrible la hiciese llorar. Debería haberle dicho lo que podía hacer con su trabajo. Eso era lo que habría hecho su padre. Él nunca se habría marchado llorando. Intentó imaginárselo y sonrió.
Oyó que se acercaba un caballo y se dio la vuelta, imaginando que sería Darby. Pero era el jefe. Parecía extrañamente contrito, observándola con un brazo cruzado sobre la perilla y los ojos fijos en su cara compungida por las lágrimas.
—Quizá podría haber elegido mejor mis palabras —murmuró.
Ella se encogió de hombros y miró hacia otro lado.
—Trabajo aquí. Tú eres el jefe.
—Sí, pero... —Mallory tomó aliento—. ¿Por qué no has contraatacado? ¿Por qué has huido?
Ella lo miró con rabia.

—Ya he causado suficientes problemas por un día —respondió secamente—. Mira, debería dejar el trabajo...
—¡No! Se bajó de la silla en un abrir y cerrar de ojos y se acercó a ella. La agarró por los hombros. En el silencio del bosque, Morie oía su propio corazón latiendo mientras él la miraba fijamente a los ojos, sin apartar la mirada hasta que el corazón se le desbocó. Tuvo que separar los labios para respirar. Los latidos amenazaban con ahogarla.

Mallory vio aquella reacción indefensa y eso le conmovió. Morie no podría haber fingido su atracción por él. Era demasiado evidente.

Relajó las manos y empezó a acariciarla. Las deslizó por sus brazos por encima de su camiseta de algodón.

—Me desconciertas —le dijo él con voz profunda, aterciopelada—. No me gusta.

Morie apretó las manos contra su camisa y sintió el vello y los músculos duros. Olía a colonia fresca y al jabón masculino que se pegaba a su piel. Solo con estar cerca de ella hacía que se estremeciera. Morie se quedó mirando su bosa carnosa y sensual y recordó lo que había sentido al besarlo. Deseaba que la besara. ¡Lo deseaba mucho!

—Maldita sea —murmuró él, porque lo sabía. Sentía su deseo, incluso antes de que se quedara mirando sus labios y se lo demostrara.

Antes de que Morie pudiera entender el significado de sus palabras, Mallory la besó con pasión. La estrechó contra su cuerpo, le colocó la mano en la base de la columna y le demostró la fuerza de su deseo por ella.

Ella intentó protestar, pero su propio cuerpo le traicionó. Gimió y se retorció contra él, devorando su boca, provocándolo y rogando más.

Sintió que él se movía, notó de pronto el suelo bajo su espalda y el peso de su cuerpo encima. Sintió que le separaba las piernas con una de las suyas antes de colocar las caderas entre ellas.

—¡Dios! —murmuró Mallory al notar el placer que recorría su cuerpo.

Había metido las manos por debajo de su camiseta y de su sujetador. Sintió la suavidad de sus pechos pequeños y firmes, con los pezones erectos bajo sus dedos. Después le levantó la camiseta y se llevó esos mismos pezones a la boca.

Succionó con fuerza y sintió que arqueaba la espalda y gemía. Pensó que le había hecho daño con el gesto y comenzó a levantar la cabeza, pero ella se la empujó con las manos hacia abajo para que siguiera.

Sabía a miel. Él estaba ahogándose de deseo. Siguió restregándose contra ella con un ritmo sensual que fue volviéndose más insistente a cada minuto que pasaba. Le levantó las caderas con la mano y las presionó contra su erección.

Se desabrochó los botones de la camisa y se la abrió para poder sentir sus pechos bajo el peso de su torso desnudo. Invadió entonces su boca. Estaba desesperado por poseerla. ¡No podía soporta la idea de parar!

Ella tampoco podía. Era el momento más apasionado de su corta vida. No podía protestar. Deseaba conocerlo, como hombre, como amante. Deseaba sentirlo dentro, sentir que la poseía. Deseaba... un hijo.

No se dio cuenta de que había hablado en voz alta hasta que Mallory se apartó de ella y se quedó tumbado a su lado, como si estuviera atormentado por mil demonios.

Ella se quedó perpleja, con la boca abierta, al darse

117

cuenta de lo lejos que habían llegado. Se incorporó y se recolocó aceleradamente la ropa, mientras temblaba por el placer obtenido. Se puso en pie y apartó la mirada mientras intentaba recuperar el aliento. Le horrorizaba su propia falta de control. ¡Había estado tan cerca!

Tragó saliva varias veces. No podía mirarlo, aunque le oyó levantarse, oyó su respiración entrecortada mientras intentaba recuperar también el control que había perdido.

Transcurrido un minuto, le oyó maldecir mientras contemplaba su espalda rígida.

—¿Así que ese es tu juego? —preguntó con frialdad—. Quieres un hijo, ¿No? Supongo que no estarás tomando ningún tipo de anticonceptivo. Seduces al jefe, te quedas embarazada y ya tienes la vida resuelta. ¿Es así como funciona?

Ella se dio la vuelta, sorprendida. Se quedó mirándolo avergonzada y después apartó la mirada. Estaba sonrojada y mareada.

—No… no pensaba lo que he dicho.

—Oh, sí que lo pensabas —respondió él fríamente. Sonrió, aunque no era una sonrisa agradable—. Buen intento. Pero no soy un novato en esto y tampoco soy un blanco fácil.

—No ha sido así —se defendió ella, pero se sonrojó más aún.

Él se quedó mirándola largo rato con una actitud insultante.

—Seguro —recogió su sombrero del suelo, le quitó el polvo, se lo puso y se fue a buscar a su caballo, que se había alejado para ir a comer hierba verde. Se montó y dio la vuelta. Se quedó mirándola, pero ella no le devolvió la mirada, ni respondió. Fue a por su caballo y se alejó sin decir nada más.

Iba a tener que marcharse. Lo sabía sin lugar a dudas. Mallory había dejado muy claro lo que pensaba de ella. Lo que no estaba tan claro era por qué de pronto había empezado a besarla así. Ella no se lo había pedido. ¿O sí? Su evidente atracción hacia él iba a ser desastrosa. Ya desconfiaba de ella, gracias a su novia. Había soltado ese vergonzoso comentario sobre tener un hijo y ahora él pensaría que era una cazafortunas.

Decidió que debía de ser culpa de su subconsciente, ya que conscientemente no había pensado en formar una familia. Pero tener un hijo con un hombre como Mallory, tan masculino y atractivo...

Y testarudo, desconfiado y desagradable, añadió para sus adentros. ¡Claro que deseaba tener un hijo con un hombre así!

De hecho, a lo largo de su vida, nunca había experimentado tanta pasión ni tanto deseo; nunca había pensado en casarse y tener hijos. Se había creído enamorada del contable hasta que descubriera los verdaderos motivos de su interés amoroso. Pero ahora sabía que en aquella relación no había nada. Y la había presionado para que se acostase con él. Incluso había dicho que no tenían por qué tomar precauciones porque deseaba tener hijos con ella. Por suerte ella había tenido la sensatez de decirle que no.

Mallory pensaba exactamente lo mismo de ella que ella había pensado sobre su antiguo amante. El contable, ya que aún era incapaz de decir su nombre incluso para sí misma, había pretendido engañarla para casarse. Mallory pensaba que ella se había propuesto el mismo juego. Resultaba humillante.

Debería haber tenido más control sobre sí misma. Pero besarlo era como estar en el paraíso. Y de pronto los besos no habían sido suficiente para satisfacerlos. Si no hubiera abierto la boca para decir algo tan fuera de lugar, si él no se hubiera apartado justo a tiempo…

Se sonrojó al recordar lo dulce que había sido. No podía permitir que sucediera de nuevo. Aunque tampoco se quedaría allí mucho tiempo. Había causado problemas entre los hermanos al enfrentarlos, aunque de manera inocente. Su presencia allí era un problema. Debería marcharse. Aquel mismo día.

Sí. Debería. Dirigió a su caballo hacia el rancho, pero, en el último momento, no se sintió capaz. «Solo un poco más», se prometió a sí misma. Unos días más para poder contemplar a Mallory en la distancia, hablar con él y soñar con él. ¿Qué tendría eso de malo?

De modo que regresó junto a la valla para seguir revisándola.


Pasaron varios días sin más incidentes. Sin embargo, Mallory apenas le dirigió la palabra a Morie. Le transmitía instrucciones por mediación de Darby, que parecía incómodo por alguna razón.

Cane encontró a Morie en la cabaña. Había ido allí a pasar el día y a esperar a que nacieran los terneros. Se bajó del caballo con esfuerzo y se acercó al porche. Morie estaba bebiendo café de un termo y comiendo una galleta de mantequilla.

—Hola —le dijo al verlo—. ¿Quieres compartir el almuerzo? —preguntó ofreciéndole la galleta a medio comer.

—No, gracias. Acabo de comerme un sándwich de roast-beef con patatas fritas caseras.

Ella soltó un gruñido y se quedó mirando su galleta.

—Sabía que no llevaba una buena vida.

Él sonrió, se apartó el sombrero de los ojos y la miró con los párpados entornados.

—¿Qué pasa entre Mal y tú? —preguntó inesperadamente.

A ella le temblaron las manos y derramó el café sobre sus vaqueros. Ya estaban sucios de todos modos.

—¿Qué... qué quieres decir? —preguntó, pero se delató a sí misma al sonrojarse.

—Entiendo —respondió Cane.

—No, no entiendes —dijo ella—. No lo entiendes. No hay nada. ¡Nada en absoluto!

—¿Por qué? ¿Porque él es el jefe y tú la empleada? —preguntó apoyándose en un poste—. No somos de la realeza.

—Podríais serlo —dijo ella secamente—. Él cree que voy detrás de su dinero.

—¿De verdad? —preguntó Cane con las cejas arqueadas.

Morie se quedó mirando la mancha de café sobre su rodilla y dio un trago más al termo.

—No es así —aseguró con orgullo—, pero él cree que sí —entonces levantó la mirada—. Estoy bastante segura de que su novia le ayuda a pensar así. Me odia.

—Ya me he dado cuenta.

Morie lo miró con solemnidad.

—Vigiladla —le dijo con una pasión inesperada—. Finge ser algo que no es.

Cane arqueó las cejas.

—¿Y cómo lo sabes?

—Para empezar, lleva ropa del año pasado. Para continuar, los zapatos que usa ya no se llevan. Las joyas están desfasadas y el bolso que lleva es de alta costura, pero no es nuevo.

—¿Perdón?

Morie cambió de postura y evitó mirarlo a los ojos.

—Tengo una amiga que es modelo —mintió. Era su madre, que además era su mejor amiga—. Sé lo que se lleva y lo que no, algo que la señorita Bruner parece no saber. Supongo que piensa que a los hombres no les interesa la moda y que no se darán cuenta —lo miró entonces a los ojos—. Intenta hacerse pasar por miembro de la alta sociedad, pero hay algo que no cuadra. ¿Quieres un consejo? Contratad a un detective privado para que la investigue. Apuesto a que encontraréis algo interesante.

—¿Por qué no se lo dices a Mal? —preguntó él.

Ella se rio con frialdad.

—Oh, claro. Seguro que me hace caso. Ya piensa que soy una oportunista en busca de dinero.

Cane suspiró.

—Tú tampoco eres lo que finges ser, ¿verdad?

Ella sonrió irónicamente.

—No —confesó—. Pero soy una persona sincera. No estoy huyendo de la ley ni planeo infringirla. De hecho, tengo un primo que es Ranger de Texas. Lo conozco de toda la vida y siempre lo he admirado. Me repudiaría si cometiera algún delito. Y también mis padres.

—¿Por qué estás trabajando aquí?

—Te sorprendería —le aseguró.

—Puede ser —Cane vaciló unos instantes—. ¿Quieres que vaya contigo a revisar la valla? Tengo algo de tiempo libre. El asesino sigue suelto. No quiero que te ocurra nada.

A Morie le sorprendió para bien su actitud protectora.

—Gracias —respondió—. Pero estoy bien. Tengo el móvil que el jefe fue tan amable de proporcionarme, y tengo una pistola que me prestó Darby. No me pasará nada.

Cane se quedó mirándola inquisitivamente.

—De acuerdo. Te dejaré aquí. ¿Y llamas almuerzo a una galleta?

Ella suspiró.

—Es una galleta deliciosa. Me las ha preparado Mavie.

—Es una gran cocinera.

—Sí que lo es. Gracias de nuevo —añadió mientras él se subía al caballo para marcharse.

—De nada.

Cane se tocó el ala del sombrero y se alejó. Morie se terminó la galleta y el café y volvió al trabajo.

# CAPÍTULO 7

Morie se sentía confusa por sus sentimientos hacia Mallory y por el creciente antagonismo de Gelly Bruner. Aquella mujer la odiaba de verdad e iba a encontrar la manera de crearle problemas. Aunque Morie no estaba dispuesta a marcharse sin luchar. En el caso de que ocurriera lo peor, siempre podría contarles la verdad sobre sí misma. Pero Mallory, que odiaba las mentiras, la consideraría una mentirosa sin remedio y probablemente no volviese a dirigirle la palabra.

Se terminó la galleta y el café y suspiró. Cuando estaba a punto de levantarse, oyó el crujido de una ramita. Se produjo otro sonido, rítmico. Cualquier cazador sabía que caminar con normalidad era una manera de alertar a la presa a la que estaba acechando. Los animales nunca se movían rítmicamente. Oirían el ritmo y sabrían que era un humano incluso antes de olerlo.

Morie miró hacia su caballo, en cuya alforja tenía la pistola. Pero sí que llevaba el móvil en el bolsillo. Se puso en pie, lo sacó e intentó encenderlo con dedos torpes. Buen momento para tenerlo apagado…

—No hagas eso —ordenó una voz masculina desde detrás.

Morie se dio la vuelta, asustada y sorprendida, y vio a un hombre alto de pelo rubio con un rifle a pocos metros de distancia. Dio un respingo y dejó caer el teléfono. Contempló con horror el rifle y esperó haber llevado una vida lo suficientemente buena como para no ir a un lugar terrible cuando muriese.

No dijo nada. Sería inútil. O la mataba o no la mataba. Pero el calibre de aquel rifle parecía de al menos veinticinco milímetros. Levantó las manos y esperó.

Pero, sorprendentemente, el hombre no disparó y bajó el arma.

—¿Dónde ha ido Tanque? —preguntó de pronto.

—¿Tanque?

—Tanque Kirk —aclaró él. Sus ojos azules eran oscuros y brillantes.

—Ese no era Tanque. Era Cane. Había venido para ofrecerse a revisar la valla conmigo, porque hay un asesino suelto por aquí.

—Asesino —murmuró él—. Fue un accidente. El muy idiota cayó contra el muro de ladrillo y la idiota de su novia mintió y dijo que yo lo había hecho deliberadamente. Una manera de devolvérmela, porque yo sabía cómo era y no quería tener nada que ver con ella.

Morie bajó las manos lentamente. El corazón le latía desbocado contra las costillas.

—Eres Joe Bascomb.

—Sí, por desgracia —el hombre suspiró y se quedó mirándola—. ¿Tienes algo de comida aquí? Estoy harto de comer conejos y liebres. Es una mala época para comer de eso. No es temporada, pero uno tiene que comer.

—Me queda una galleta. No tengo café, lo siento, pero sí una botella de agua —le ofreció ambas cosas.

Bascomb dejó el rifle y se comió la galleta con placer, cerrando los ojos para saborearla.

—Esto debe de haberlo hecho Mavie —murmuró—. Nadie cocina como ella —se terminó la galleta en un abrir y cerrar de ojos y después se bebió media botella de agua.

Morie lo observó con evidente curiosidad. No actuaba como un asesino.

Él advirtió su mirada y se rio.

—No iba a acabar en una cárcel de máxima seguridad mientras mi abogada recurre una y otra vez. Odio las celdas. Dios, ¡las odio! Pensar que podría acabar así por culpa de una mujer perversa y rencorosa...

—Si hubieras tenido un buen abogado, podría haber desarmado sus argumentos en la vista oral —respondió ella.

—Mi abogada es de oficio y las hay de todo tipo. Esta es dócil y tranquila, y piensa que las mujeres han sido muy victimizadas en los tribunales, así que no dice nada que pueda herir los sentimientos de quien me acusa.

—Deberías haberle pedido al juez que te asignara a otra persona.

—Lo hice. Pero no se ofreció nadie más —suspiró y se pasó una mano por el pelo—. Dijo que recurriría. Creo que por fin se dio cuenta de que era inocente, después de que me hubieran condenado. Dijo que lo sentía. ¡Sentirlo! A mí me van a poner la inyección letal, ¡y ella lo siente!

—Yo también lo siento —comentó Morie—. Normalmente la justicia funciona. Pero siempre se pueden cometer errores humanos.

—¿Y cómo lo sabes? —preguntó él, aunque con una sonrisa.

—Mi tío es juez del tribunal supremo —respondió—. En Texas.

—Impresionante.

—Sí, lo es. Cuando era más joven, era abogado de oficio y donaba su tiempo. Sigue pensando que todo el mundo tiene derecho a una representación adecuada.

—¡Ojalá él trabajara en Wyoming! —respondió Bascomb con tristeza.

—Deberías entregarte —le aconsejó ella—. Esto solo empeorará las cosas.

—No podrían empeorar mucho —dijo él—. El año pasado perdí a mi esposa. Murió de un ataque al corazón. Solo tenía veintinueve años. ¿Quién se muere de un ataque al corazón a los veintinueve años?

—En mi instituto había un jugador de fútbol que cayó muerto en el campo a los diecisiete años a causa de un problema cardíaco desconocido —respondió Morie—. Era un chico encantador. A todos nos dio mucha pena. En la juventud, la gente tiene todo tipo de dolencias. Uno no piensa que los niños pequeños puedan tener artritis, ¿verdad? Pero algunos niños de primaria tienen artritis reumatoide que les limita en muchos aspectos. Los niños también tienen enfermedades como la diabetes. No solo enfermamos cuando envejecemos.

—Supongo. No vivimos en un mundo perfecto, ¿verdad?

Ella negó con la cabeza.

Bascomb se terminó la botella de agua.

—Gracias. He estado yendo a casa de mi madre a por comida, pero tienen gente vigilándola. No quiero que ella sufra por lo que yo he hecho. He estado cazando para comer.

—¿Y el agua? —preguntó ella—. Es peligroso beber agua de los manantiales...

Él sacó un paquete de pastillas del bolsillo de su chaleco y se lo mostró.

—Esto hace que el agua sea potable —explicó—. Estuve en el Ejército. Tanque y yo estuvimos juntos en Irak. Parece que hayan pasado cien años desde aquello. Testificó a mi favor. Fue muy valiente por su parte, cuando todos pensaban que era culpable. La familia del chico que murió es muy querida y respetada, y eso hizo que me resultara más difícil contar con un jurado imparcial. De hecho, uno de los miembros del jurado era pariente ilegítimo de sangre. Mi abogada tampoco se percató de eso.

—Eso debería invalidar el resultado. Debería servir para que hicieran otro juicio.

—¿Eso crees? —preguntó él con curiosidad.

—Lo creo. Deberías hablar con tu abogada.

Él se rio suavemente.

—Ya no es mi abogada. Leí en un periódico que declaró que no podía representar a alguien que, al huir, había demostrado ser culpable. Así que ahora no tengo defensa ni nadie que me aconseje.

Morie se acercó más a él.

—Yo te estoy aconsejando. Entrégate antes de que sea demasiado tarde.

—No puedo hacer eso. No puedo sobrevivir encerrado en una celda. Ya he pasado meses así. Preferiría morir antes que regresar, y es la verdad.

Morie podía empatizar con él. A ella tampoco le gustaban los espacios cerrados.

—Será peor para ti no haber esperado al recurso.

—No me importa —le aseguró Bascomb—. Mi mujer ha muerto… la vida que tenía ha desaparecido. De todos modos no tengo razón para seguir. Si me disparasen en mitad del bosque, no sería tan malo. Dios perdona a la gente. Incluso a la gente mala. No creo que me envíe al purgatorio.

—No puedes rendirte —le dijo para intentar consolarlo—. Dios nos pone aquí por una razón. Puede que nunca sepamos por qué. Puede que sea para inspirar a una persona, o para darle a otra una razón para no suicidarse, o estar en el lugar adecuado para ayudar a salvarle la vida a alguien que algún día podría salvar el mundo. ¿Quién sabe? Pero creo que tenemos un objetivo. Todos nosotros.

—¿Y cuál crees que es el mío? —le preguntó él sorprendido.

—No lo sé —respondió Morie—. Pero tienes un papel que desempeñar. Estoy segura de ello. No te rindas. No te rindas nunca.

—Había una película llamada *Héroes fuera de órbita*, protagonizada por Tim Allen y Alan Rickman. Era una especie de parodia de *Star Trek* —recordó él—. Allí decían «¡No te rindas nunca!».

—Vi esa película. Era muy divertida —respondió ella con una sonrisa.

Bascomb se encogió de hombros.

—Supongo que no era un lema tan malo —se colgó el rifle del hombro—. No le digas a nadie que he estado aquí.

Ella se mordió el labio. Parecía una amenaza.

Bascomb le dirigió una mirada de sufrimiento.

—Puede que te metas en problemas por darme comida y agua —añadió.

—Oh, gracias —respondió ella, más relajada.
—Soy un hombre perseguido —dijo él—. No voy a rendirme, pase lo que pase. Tendrán que acabar conmigo. La cárcel es un lugar horrible para un hombre de campo —miró a su alrededor y contempló los inmensos árboles y el cielo azul—. Esta es mi catedral —agregó con solemnidad—. No hay lugar más cercano a Dios que el bosque —cerró los ojos y respiró profundamente—. Nunca debería haber dejado que me convenciera para ir a su apartamento. Estaba gritando. Decía que su novio estaba aporreando la puerta, que amenazaba con matarla y que yo era la única persona que sabía que podría enfrentarse a él. Debí de perder la cabeza. Estaba defendiéndose de él cuando yo llegué, pero él murmuró que había sido ella la primera en atacar. Nos engañó a los dos. No creo que ella quisiera que muriera, o que yo fuera a la cárcel… No era más que una llamada de atención. Pero ella lo provocó todo. Ahora ella es la parte perjudicada y a mí la familia del chico me acusa de asesinato.

—Lo siento mucho —dijo ella.

—Sí, yo también —respondió él con pesar—. No sé qué he hecho para merecer esto.

—Es una prueba —le aseguró ella—. Todos las tenemos. Es parte del proceso de la vida. Lo superarás —añadió con firmeza.

—¿Eso crees? Si me gustara el juego, vería esa apuesta y me haría rico —se quedó mirando su ropa y se rio—. Bueno, quizá no. Tú no tienes mucho mejor aspecto que yo, pero no te ofendas.

—No me ofendo.

—Tengo que irme. Gracias por la ayuda. Pero, si me atrapan, juraré que no hiciste nada por ayudarme —añadió.

—Y yo juraré que sí —contestó ella con orgullo—. No me asustan los procesos judiciales. Mi tío es juez. Encontraría a alguien bueno que me representara.

Él le sonrió con los ojos azules.

—¡Qué suerte la tuya! Gracias, muchacha.

Ella se rio.

—De nada. Ojalá pudiera ayudarte.

—Eres una persona agradable. Mi esposa era así. Habría ayudado a cualquiera, perseguido por la ley o no. La echo mucho de menos.

—No es más que una pequeña separación —dijo ella—. Al final todos nos vamos. Es cuestión de tiempo.

Él ladeó la cabeza.

—Ella también habría dicho eso —miró a su alrededor—. Ten cuidado cuando estés por aquí. A veces es peligroso. Hay muchos renegados. Algunos son personas sin hogar con diversas enfermedades mentales. Podrían hacerte daño.

—Lo sé. Llevo un teléfono.

—Mantenlo encendido —le aconsejó.

—Sí, bueno, si lo hubiera tenido encendido, la policía ya estaría aquí, ¿no?

Él se rio.

—Supongo —le dirigió una última mirada—. Cuídate.

—Tú también.

Se dio la vuelta y se alejó. Cuando ya casi lo había perdido de vista, Morie advirtió que el ritmo de sus pisadas cambiaba y se volvía más sigiloso. Como el paso de un animal. Se dio cuenta entonces de que había caminado antes como un humano para alertarla de su presencia y que no se asustara demasiado cuando apareciera de repente. Sintió pena por él. Se preguntó si podría ponerse en contacto con el tío Danny para ayudarle en algo. Incluso, aunque fuera culpable, necesitaba un abogado. El tío Danny conocería a alguien. Estaba segura de ello.

Aquella noche le llamó. Conocía sus costumbres bastante bien, y una de ellas era trabajar hasta tarde en su despacho cuando había sesión en el juzgado. Como era de esperar, respondió él mismo al teléfono. Se sorprendió al oír su voz, aunque le hizo ilusión.

—¿Te estás divirtiendo con tu trabajo? —le preguntó, asombrado de que hubiera desafiado a King para trabajar como vaquera en un rancho.

—Mucho —respondió ella—. Pero te echo de menos.

—Yo también te echo de menos, cariño —respondió él—. No es que quiera cotillear, pero ¿me llamas a estas horas por algo más además de porque me quieres? ¿Tienes algún problema?

—Más o menos —dijo ella—. Hay un preso que se ha fugado y al que le tendieron una trampa...

—Oh, ahórrame los detalles —respondió su tío—. Cariño, no tienes idea de la cantidad de gente inocente que cumple condena en la cárcel. Les tendieron una trampa, los policías no fueron sinceros, alguien quería vengarse de ellos...

—Pero no es así —le aseguró ella—. Tanque Kirk testificó en su favor. El tipo combatió en Irak. Su esposa murió. Después una mujer fue detrás de él, pero no lo consiguió, así que le tendió una trampa pidiendo ayuda cuando su novio estaba dándole una paliza. El tipo acudió en su ayuda, forcejeó con el novio, que se golpeó en la cabeza y murió. Después la mujer juró que el convicto lo hizo deliberadamente. Es su palabra contra la de él, y solo tuvo una abogada de oficio.

—Ten cuidado, cariño. Yo fui abogado de oficio —le dijo su tío—. Es un trabajo muy noble.

—Sí, pero esta abogada estaba del lado de la mujer y no insistió mucho. Hay algo más. Había un pariente de la víctima en el jurado y eso no se supo.

—Eso ya es otro asunto. Un asunto muy serio —respondió Danny—. Su abogada debería pedir otro juicio basándose en eso, si puede demostrarlo.

—Ahora no le representa nadie —respondió ella—. Su abogada renunció cuando se fugó y huyó de la justicia.

—Oh, vaya.

—Lo sé. No debería implicarme. Pero me parece un hombre decente. Tendrías que conocer a los hermanos Kirk para comprender por qué creo que es inocente. Tanque no se deja engañar por la gente.

—Oh, pero se ha dejado engañar por ti, ¿no?

En eso tenía razón.

—*Touché*.

—Te diré una cosa. Conozco a gente del poder judicial de Wyoming. Haré algunas llamadas. ¿Cómo se llama el hombre?

—Joe Bascomb.

—De acuerdo. Pero tú no te metas. Créeme, no querrás que te acusen de cómplice por ayudar a un preso fugado.

—Sí, lo sé. No lo haré. Gracias.

—¿Cómo iba a decepcionar a mi chica favorita? —bromeó él—. Nos veremos pronto. Cuídate.

—Tú también.

Morie cerró el pequeño teléfono y suspiró. No era

asunto suyo. Pero el hombre le había parecido muy agradable. Podría haberla matado, o atacado, de haberlo deseado. No había nadie que pudiera ayudarla. Pero había sido amable, cortés y educado. Eso decía algo bueno sobre el tipo de persona que era. Tenía que ayudarle si podía. Y nunca se sabía. La vida tenía un patrón. Él pasaría a formar parte de la suya. Tenía que haber una razón en alguna parte. Tal vez algún día la encontrara.

A la mañana siguiente, Mallory la miraba con más suspicacia que nunca. Se acercó a él e intentó no fijarse en lo atractivo que era. Deseaba haber podido conocerlo siendo ella misma, para que las cosas hubieran estado igualadas desde el principio. Tal como eran las cosas, algún día sabría que le había mentido sobre su estatus. O quizá no lo supiera nunca. Podría irse a casa, volver a su antigua vida, casarse con el respetable millonario que su padre quería y sentar la cabeza. Podría olvidarse del duro ranchero que vivía en Wyoming y pensaba que no era digna de su confianza. Si supiera lo mucho que le dolían esas acusaciones...

Lo miró directamente a los ojos.

—¿Ocurre algo, jefe?

—¿Sabes que aquí llevamos un informe de todas las llamadas de teléfono realizadas? —preguntó él con solemnidad.

El corazón le dio un vuelco. Ella había llamado a Texas. De hecho, había llamado al despacho de su tío.

—¿Ah, sí? —preguntó intentando parecer inocente.

—Me gustaría saber por qué llamaste a un juez del tribunal supremo de Texas —dijo él sin más. Se metió las manos en los bolsillos y le dirigió una sonrisa fría—. De hecho, el mismo juez del tribunal supremo que vino a nuestra fiesta. ¿Hablabais de algo más aparte de canapés cuando Gelly os pilló fuera? ¿Es tu amante? ¿O tienes pensado interponer una demanda y estás buscando consejo? Recuerdo que amenazaste con demandar a Gelly.

El corazón se le desbocó mientras buscaba excusas que no disparasen más alarmas. No quería delatar al amigo de Tanque. Si Mallory se enteraba de que lo había visto en el bosque, probablemente llamase al sheriff. No quería causarle al pobre hombre más problemas de los que ya le había causado.

—Se me olvidó añadir algo a la receta que le di —contestó.

Mallory parpadeó y se quedó mirándola.

—¿Perdón?

—La receta del canapé —continuó Morie—. Se me olvidó decirle cuánto tiempo debía cocinarlos su ama de llaves. Dijo que iban a hacer una gran fiesta en el rancho de su familia el mes que viene y quería la receta para entonces.

—¿Así que le llamaste en mitad de la noche para decírselo? —preguntó él con incredulidad.

—Fue cuando me acordé —respondió ella, y se encogió de hombros—. Se me olvidan cosas.

—Pero al parecer no su número de teléfono.

—Aparecía en Internet —murmuró ella. Mintió porque se trataba de una buena causa—. Utilicé un motor de búsqueda. Sabía su apellido y a qué se dedicaba. El resto fue fácil.

Mallory tomó aire y resopló. Siempre parecía estar sospechando de ella, y se odiaba a sí mismo por ello. Parecía una chica sincera, trabajadora y amable. Pero no confiaba en su instinto. En demasiadas ocasiones se había dejado engañar por una mujer que no era lo que aparentaba ser. Aquella conocía los entresijos de la ley, a pesar de lo que dijera, y podía suponer una auténtica amenaza para el rancho si estaba intentando engañarle.

Por otra parte, el corazón le daba un vuelco cada vez que la veía, y aquello empeoraba día a día. La deseaba. Le costaba trabajo disimularlo, sobre todo frente a sus hermanos, que se daban cuenta de todo.

A Gelly le enfurecía que hablase de ella, cosa que hacía con frecuencia, aunque de forma involuntaria. Había hablado de su ayuda en la cocina, que Mavie había alabado. Gelly ni se plantearía mancharse los dedos en la cocina, y ya estaba celosa. Demasiado celosa. Había dejado que la mujer se tomara demasiadas confianzas al no apartarla de su lado cuando aún podía. Y ahora había empezado a hablar de matrimonio y a persuadirlo en nombre de un amigo suyo que deseaba comprar un terreno en el extremo norte del rancho.

—Es un terreno que no vale nada —decía Gelly—. No puedes criar ganado allí. Este pobre hombre lo ha perdido todo. Solo quiere unos pocos kilómetros cuadrados donde vivir. Tal vez cultivar un pequeño huerto.

—Si es un terreno donde no se puede criar ganado, tampoco puede cultivarse nada, Gelly —había contestado él—. Además, es un rancho familiar y tendría que ser una decisión familiar. Dile a tu amigo que venga y hable con nosotros.

Ella no se atrevía a hacerlo. Los hermanos se darían cuenta enseguida de que era un empresario, no un ranchero sin suerte.

—Oh, está fuera de la ciudad.
—¿Haciendo qué?

Gelly pensó por unos segundos.

—Visitando a un hermano enfermo.

Él se encogió de hombros.

—Da igual. Que venga a vernos cuando regrese. Bueno, ¿y estás muy decidida a ver esta película? —preguntó señalando la pantalla del ordenador—. No me gustan las comedias.

—Es divertida —le aseguró ella—. Al menos eso me han dicho. Necesitas salir alguna noche. Pasas demasiado tiempo trabajando por aquí. Deberías contratar a un gerente. ¿Sabes? Conozco a un hombre que sería perfecto. Tiene título universitario y...

—Yo dirijo el rancho —respondió él con frialdad.

—Bueno, solo era una sugerencia. Con respecto a la película... —añadió, y se apresuró a cambiar de tema. Mallory era demasiado rápido para ella. Tendría que ser más cuidadosa.

Mallory estaba recordando esa conversación mientras miraba a Morie. Ella se sonrojó con su escrutinio. Respiraba aceleradamente y sus pezones se endurecieron; él sintió que su cuerpo reaccionaba también a su excitación. Deseaba acorralarla contra la pared y besarla sin parar.

Se controló. Tenía que sacarla de allí antes de hacer una estupidez.

—De acuerdo —dijo—. Puedes volver al trabajo.

—Gracias —no volvió a mirarlo. Apenas podía caminar por el temblor que se había apoderado de su cuerpo. Mallory la había mirado con auténtico deseo. Sabía que la deseaba, pero no confiaba en ella. Estaría recordando su inapropiado comentario en el bosque. ¡Si hubiera podido mantener la boca cerrada! No volvería a confiar nunca en ella y la culpa era solo suya. Pero podría ganarse su confianza. Sabía que podía. Tenía que intentarlo.

Sin pretenderlo, Mallory le contó a Gelly lo de la llamada de Morie al juez de Texas.

—Bueno, no me sorprende —comentó ella mientras iban de camino al cine.

—¿Por qué no? —preguntó él.

—Parecían muy acaramelados cuando salí a decirle a Morie que volviera al trabajo y que dejara de molestar a tus invitados —mintió ella, y sonrió para sus adentros al ver su expresión—. Fue muy grosero conmigo. No le gustó que les interrumpiera.

—Ella dice que estaba dándole la receta de un canapé.

Gelly soltó una carcajada.

—¡Oh, por favor! —lo miró con los párpados entornados—. ¿Y tú la creíste?

A Mallory no le gustaba que le tomasen el pelo.

—Supongo. Al principio.

—Estoy segura de que hay algo oculto —respondió ella—. Era evidente que se conocían. Y él es juez. ¿Y si está intentando engañarte para demandarte y él está ayudándola? Ya sabes que algunos jueces no son de fiar.

Eso era lo que había pensado él, pero no quería estar de acuerdo con ella.

—A mí me parece de las que buscan el camino fácil —añadió Gelly—. Es tan pobre que probablemente haría cualquier cosa para quitarse las deudas, para tener ropa buena que estuviera de moda, para dejarse ver en los mejores lugares, para viajar en primera clase por el mundo —estaba fantaseando, no sobre los deseos de su rival, sino sobre los suyos propios—. Probablemente esté harta de tener que hacer cosas que odia para poder ascender en la escala social, para tener las cosas que merece y que no puede conseguir de otra forma.

Mallory la miró sorprendido. Ella se dio cuenta y se aclaró la garganta.

—Quiero decir que ese tipo de mujer espera que algún hombre rico se enamore de ella, y hará lo que sea necesario para lograrlo. Tú eres rico. Y es evidente que te desea.

—¿Lo es?

—Te mira todo el tiempo —murmuró ella—. Como un niño en una tienda de helados.

—¿De verdad? —el corazón le dio un vuelco. Tuvo que hacer un esfuerzo por no reaccionar—. No me había fijado —añadió con desinterés fingido.

—Es asquerosa la manera que tiene de desvivirse por complacerte. Deja que te diga una cosa. Conmigo no es así. Conmigo saca uñas y dientes. Me odia. Y el modo en que me habla... deberías decirle algo al respecto —añadió con firmeza—. No está bien permitir que una empleada le hable así a alguien de mi nivel.

De su nivel. Su padre era un trabajador textil jubilado, según había descubierto accidentalmente mientras hablaba con un vecino. Su difunta madre había sido empleada de un banco; una profesión honrada, pero no algo que le diese acceso directo a la alta sociedad. Gelly tenía aspiraciones. Quería dinero. De pronto él se sintió perseguido. Al principio ella se había mostrado cariñosa, necesitada y aduladora. Pero ahora empezaba a volverse agresiva y exigente, le hablaba todo el tiempo de amigos suyos que querían un terreno o un trabajo. Resultaba algo molesto.

—Últimamente te has vuelto un poco insistente, Gelly —advirtió de pronto.

—¿De verdad? ¿Por qué?
—Conoces a mucha gente a la que yo podría ayudar —explicó él con frialdad.
Gelly se mordió el labio.
—Ah, eso. Me preguntaron por algún trabajo aquí cerca, nada más. Ni siquiera conozco al hombre que quería ser gerente. Es amigo de un amigo. Y el hombre que quiere el terreno es un buen amigo de mi padre. Mi padre trabajaba en una empresa de tejidos, ya sabes. Era muy conocido en ciertos círculos.
Era cortador de telas, pero Mallory no iba a decirle eso. Había algo en Gelly que empezaba a despertar sus sospechas. Se limitó a sonreír y le preguntó dónde querría cenar después de la película.

Pero después habló con Tanque.
—¿Qué piensas realmente de Gelly? —le preguntó mientras bebían café sentados a la mesa de la cocina. No solían beberlo por la noche, pero estaban ayudando con el nacimiento de los terneros y era un trabajo largo y tedioso que no terminaba a la hora de irse a la cama.
Tanque entornó los párpados.
—No pienso en ella, si eso te ayuda. ¿Por qué?
—Tiene un amigo que quiere que le vendamos parte del terreno que tenemos, la parte del norte en la que no se puede criar ganado. Ella dice que es un terreno que no sirve para nada. El tipo no tiene suerte y quiere que se lo vendamos barato.
Tanque apretó los labios.
—¿No es la misma porción de terreno en la que estaba interesada la compañía petrolera, pero que nos negamos a cederle?

Mallory levantó la cabeza y entornó los párpados.

—Esa misma.

—Me pregunto si su amigo tendrá contactos con la industria petrolera.

—Yo también me lo pregunto —convino Mallory sin sonreír.

—Has estado preguntándole a alguien por el informe de llamadas —añadió Tanque—. ¿Puedo preguntar por qué?

Mallory dio un sorbo al café antes de responder.

—Morie llamó por la noche al amigo de Cane que es juez del tribunal supremo en Texas.

—¿A Danny Brannt? —preguntó Tanque sorprendido.

—¿Brannt?

—Sí. Su hermano es Kingston Brannt. Tiene todo un imperio en Texas. Cría unos toros de Santa Gertrudis que hacen que los nuestros en comparación parezcan un cruce.

—El apellido de Morie es Brannt —respondió Mallory.

—Sí, pero no están emparentados. Se lo pregunté a Danny. Me dijo que es un apellido muy común en su zona de Texas. Igual que Smith en otros lugares. No es más que una coincidencia.

—¿De verdad?

—Mira a Morie, por el amor de Dios —respondió Tanque—. Es dulce, pero muy pobre, ¿no te das cuenta? Ni siquiera tenía un móvil en condiciones hasta que le conseguimos uno.

Mallory sintió un escalofrío.

—Está intentando seducir a un juez —dijo—. Creo que podría querer encontrar la manera de demandarnos.

—Te empeñas en difamarla siempre que puedes —respondió Tanque—. Me pregunto por qué.

—Gelly cree que trama algo.

—¿Sí? Bueno, yo creo que es Gelly la que trama algo. Y algo malo para ti —se terminó el café—. Será mejor que estés atento.

—Puede ser —admitió Mallory tras una pausa, después se terminó también el café—. Creo que será mejor que durmamos un poco mientras podamos —añadió.

Tanque asintió con la cabeza.

—Buen consejo.

CAPÍTULO 8

Al día siguiente, Morie encontró una excusa para hablar con Tanque después de trasladar el ganado de un pasto a otro.

—Tengo que contarte algo. No sé bien cómo hacerlo —le dijo mientras descansaban un minuto.

Tanque se apartó el sombrero de los ojos y se secó el sudor de la frente con el antebrazo.

—Adelante.

Morie miró a su alrededor para asegurarse de que no hubiera nadie cerca.

—Joe Bascomb estuvo en la cabaña —confesó.

—¿Qué? ¡Dios mío! Pero qué...

—No me hizo daño. Ni siquiera me amenazó —le aseguró ella—. Tenía hambre, así que le di una galleta y un poco de agua. No tenía buen aspecto.

—Era amigo mío. No creo que pudiera matar deliberadamente a nadie.

—Yo tampoco lo creo. Dijo que su abogada le había abandonado después de fugarse —vaciló unos segundos—. También dijo que había un pariente de la víctima entre los miembros del jurado que le condenó. Eso debería ser motivo suficiente para que se repitiera el juicio, ¿no crees?

Tanque la miró con curiosidad.

—Por eso llamaste al juez de Texas, ¿verdad?

Ella se rio amargamente.

—Sí —admitió.

—¿Qué te dijo?

—Que debería ser motivo para realizar otro juicio. Pero Joe tiene que entregarse y necesita un nuevo abogado.

—Yo mismo se lo pagaría si pudiera encontrar a alguien de por aquí dispuesto a defenderle. Aquí aprecian mucho a la familia de la víctima. Nadie piensa que la víctima fuese un miembro muy valioso de la sociedad, pero su familia es poderosa. No hay muchos abogados de la zona que quieran llevar el estigma de defender a su asesino.

—Puede que el juez conozca a alguien que quiera hacerlo sin cobrar —sugirió ella.

—¿Qué hiciste para convencerle de eso? —preguntó él.

—Apelé a su sentido de la justicia. Es un hombre muy amable. Fue a la cocina para felicitar a la cocinera por la comida. ¿A quién se le ocurre hacer algo así en una fiesta? —preguntó, pues ella misma había asistido a docenas de eventos en los que la comida se daba por sentada.

—Debe de ser un hombre agradable —convino Tanque con una sonrisa—. Veré lo que puedo hacer. Pero no vuelvas a hablar con Joe, sean cuales sean las circunstancias. Te montas en tu caballo y te vas. Es peligroso ser cómplice de un criminal fugado. Creo que es inocente, pero el tribunal lo declaró culpable.

—¿Y tú te marcharías sin más y no le prestarías ayuda? —preguntó ella.
—Bueno, no. Pero yo estoy en una posición diferente. Tú trabajas para nosotros, así que harás lo que te digamos. ¿Entendido?
—Sí, señor —contestó Morie con un suspiro.
—No quiero ser malo. Solo quiero que no te metas en problemas, si puedo evitarlo. Y será mejor que te mantengas también alejada de Gelly. La tiene tomada contigo.
—No le tengo miedo.
—Deberías —respondió él—. Porque Mallory cree las cosas que dice. No sé por qué. Ni siquiera le gusta especialmente. Simplemente es buena para su ego. Nunca ha tenido suerte con las mujeres, que no le desean por lo que es, y se deja llevar con facilidad. Cree que es feo.
—¿Feo? ¿Mallory? —preguntó ella con sorpresa—. ¡Por el amor de Dios, no es feo!
—¿No lo es?
Ella se sonrojó y se aclaró la garganta.
—Bueno, será mejor que vuelva al trabajo. Pero quería que supieras lo de Joe. Espero que alguien pueda ayudarle.
—Yo también.
Morie se montó en su caballo, se marchó y dejó a Tanque más confuso que antes.

Mallory estaba preocupado. Gelly le dirigió una mirada larga e inquisitiva mientras comían sus ensaladas en el restaurante local.
—Estás preocupado por algo, ¿verdad? —preguntó con una sonrisa.

Él se encogió de hombros.

—Mis hermanos están desviviéndose por ayudar a nuestra nueva empleada —murmuró.

—Esa mujer —respondió Gelly con desprecio y dejó su tenedor en el plato—. Mal, ¡es una estafadora de las buenas! ¿Por qué no la despides?

Mallory se terminó la ensalada.

—Me lincharían —dijo—. Todos están locos por ella. Incluso la vieja Mavie, que odia a todo el mundo —le hacía sentir extrañamente orgulloso que la gente que trabajaba para él valorase a Morie. No sabía por qué.

—Va a causarte muchos problemas si dejas que se quede —insistió Gelly—. Ya me contaste lo que ocurrió con tus hermanos cuando empezó a tocar el piano. ¿Cómo crees que aprendió? Quizá tocaba el piano en un bar —sugirió con tono de sospecha—. ¿Qué sabes realmente de ella? Deberías investigarla. Deberías. Estoy segura de que tiene un pasado terrible.

—Podría hacerlo —respondió él.

Su política empresarial era investigar a todos los nuevos empleados, y eso había hecho. Pero el detective se había encontrado con un muro de piedra en lo referente a su historia familiar. Parecía no tener familia en Wyoming. Pero la investigación había revelado que había trabajado para otros dos ranchos y tenía unas recomendaciones excelentes por parte de los dueños. No podría haber sabido que Morie había dado esas referencias deliberadamente y se había asegurado de que la gente implicada supiese qué información dar. Había albergado la esperanza de que el detective elaborase solo un informe superficial y no utilizase su número de la seguridad social para extraer información más comprometida. Pero las leyes de privacidad impedirían ese tipo de investigaciones sin un historial policial. Y Morie nunca había infringido la ley. Ni siquiera tenía una multa de aparcamiento ni por exceso de velocidad.

—Creo que está intentando engañarte para que tengas una relación con ella —sugirió Gelly—. He visto cómo te mira. Te desea. Le encantaría quedarse embarazada. Tú tendrías que mantenerlos al bebé y a ella, o acudiría a las autoridades. ¡Tal vez incluso a las cadenas de televisión! Daría una imagen patética, diciendo que había sido acosada por su jefe.

Mallory no se lo creyó a pies juntillas, pero lo que Gelly decía tenía sentido, sobre todo teniendo en cuenta el último momento apasionado que había pasado con Morie. Se sentía avergonzado por su falta de control y aún desconfiaba de las palabras que Morie había susurrado sin pretenderlo.

Gelly vio su indecisión. Tendría que actuar. A Mallory empezaba a importarle esa mujer, y lo perdería si no se la quitaba de en medio. Tenía planes, grandes planes para Mal y su rancho. Lo único que necesitaba era un poco más de tiempo. Tenía un amigo que deseaba llevar a cabo un gran proyecto en un terreno propiedad de Mal. Ella podría ganar una pequeña fortuna. Lo único que tenía que hacer era mantener una buena relación con Mal y después convencerlo para que le cediera ese terreno por una minucia. Al fin y al cabo, era un terreno baldío; ni siquiera podía criar ganado en él. Su amigo tenía contactos con la industria petrolera y deseaba el terreno para realizar fracturas hidráulicas, poder perforar los depósitos y extraer el petróleo. Había comprobado los informes geológicos y aquel terreno tenía muchos depósitos de gas y de petróleo. ¡Valía una auténtica fortuna!

Era una técnica controvertida que, en ocasiones,

había contaminado el agua de la zona hasta el punto de que pudiera arder con una cerilla, por culpa del gas que se filtraba al agua. Pero ese no era problema de Gelly; ella solo quería el dinero que le habían prometido. Sería formidable. Entonces podría comprarse cualquier cosa que deseara, en vez de tener que vestir con ropa de una tienda de segunda mano. Por suerte para ella, los hermanos no sabían nada de moda y no se daban cuenta de que solo fingía la sofisticación que veían. Tenía otros planes, aún mayores, cuando convenciera a Mal para que se casara con ella. Eso llevaría más tiempo. Pero Morie suponía una amenaza y tenía que librarse de ella.

Sería fácil. Mal ya desconfiaba de la nueva empleada, y Morie no parecía muy lista. Lo único que tenía que hacer era engañar a un joven vaquero al que le gustaba y que la observaba siempre que andaba cerca. Algunas palabras cariñosas, unos pocos besos y haría lo que ella le pidiera. Ya se había ganado su confianza, había fingido cariño y preocupación por él, le había comprado regalos. Regalos baratos, como un anillo con sus iniciales grabadas. Pero habían logrado su objetivo. Podría utilizarlo para que la ayudara.

Mal odiaba a un ladrón más que a nada. Sonrió. Sería fácil.

Morie estaba ayudando a Darby a tratar a un toro enfermo. El toro no quería ayuda y dejaba clara su resistencia intentando cocearlos a ambos.

—Vamos, viejo amigo —dijo Darby mientras se acercaba al toro—. La herida se te ha infectado, y no mejorará sin ayuda. El veterinario dijo que te pusiéra-

mos esto dos veces al día y es lo que vamos a hacer, te guste o no.
—Parece que no le gusta nada el ungüento —dijo Morie riéndose—. ¡Oh! —exclamó cuando el animal se volvió y la tiró al suelo contra el heno.
—¿Estás bien? —preguntó Darby, preocupado.
—Claro, pero me he quedado sin aire.
—¡Oye, Bates, ven aquí a ayudarnos! —le dijo a un joven vaquero que acababa de entrar en el granero.
—Claro —respondió él—. Pero dejad que guarde primero a este caballo. La señorita Bruner ha salido a montar y yo le he mostrado algunas de las mejores sendas —se sonrojó al recordar lo agradable que había sido el paseo—. Es una mujer muy agradable.

Darby y Morie se quedaron mirándolo con la boca abierta. Él no se dio cuenta. Aún seguía en una nube. Gelly le había besado y le había susurrado al oído que haría cualquier cosa que quisiera si él le hiciera un pequeño favor. Lo único que tenía que hacer era colocar en la mochila de Morie un huevo de Fabergé que se había llevado del salón de los Kirk. Era un favor muy sencillo. Ella no quería causarle problemas a la chica; había sido idea de Cane. Era una broma, nada más... ¿querría ayudarla? ¡Por supuesto que querría!

Habló con Morie mientras les ayudaba con el toro. Menuda sorpresa iba a llevarse la señorita Morie, pensó alegremente. Tenía buen humor. No entendía por qué Cane querría gastarle una broma, pero en general no entendía a la gente rica ni su sentido del humor.

—Gracias, Bates —le dijo Darby cuando terminaron—. Eres un buen hombre.
—No hay de qué —respondió él—. Me gusta el trabajo del rancho, incluso la parte más sucia.

—A mí también —convino Morie riéndose—. Es agradable estar al aire libre y no tener que trabajar de nueve a cinco en una oficina.

—Por eso me gusta tanto estar aquí —dijo Bates—. Un buen paisaje, un buen ganado y una gente agradable.

—Mucha gente agradable —convino Morie, y le dirigió una sonrisa a Darby.

Él le devolvió la sonrisa.

—Muy bien, volvamos al trabajo. Será mejor que nos marchemos antes de que este viejo pisador encuentre la manera de acorralarnos y cocearnos. Ya ha ocurrido antes. Odia que lo toquen.

—¿Viejo pisador? —preguntó Morie cuando Bates hubo regresado con los caballos.

—Le gusta pisotear a los vaqueros —explicó Darby—. Le rompió el pie a un hombre una vez. Es un animal complicado, pero es el mejor toro de cría que tenemos, así que está muy malcriado.

—Es el Ransom 428 de Kirk, ¿verdad?

Darby la miró con asombro.

—Sí, ¿cómo lo sabías?

—Eh... porque miro los anuncios de las ferias. Lo he reconocido por su estampa.

Darby se había quedado sin palabras.

—He pasado mi vida rodeada de ganaderos —explicó ella tras una pausa—. Desde luego el tiempo suficiente para reconocer a un toro famoso cuando lo veo. Pero no lo he reconocido antes, mientras intentaba que no se me echara encima.

Darby soltó una carcajada y dejó a un lado sus sospechas.

—Claro. Lo entiendo.

—Será mejor que vuelva a la cabaña.

—¡Señorita Brannt!
Darby y ella se dieron la vuelta al oír aquella voz fría.
—¿Sí, jefe? —preguntó ella.
—Al barracón, por favor —respondió Mallory con frialdad. Se dio la vuelta y se marchó.
—¿El barracón? —repitió ella. Salió con Darby y vio que Bates estaba disimulando una sonrisa.
Darby fue con ella. Conocía el temperamento del jefe y aquella mirada era peligrosa. Ya la había visto antes, cuando la cocinera, Vanessa, había sido despedida. Tuvo un mal presentimiento y miró a Morie con preocupación.
Entraron juntos en el barracón. Mallory estaba allí, con la señorita Bruner, con Cane y con Tanque. Ninguno sonreía.
—Abre tu mochila, por favor —le pidió Mallory secamente.
Ella arqueó las cejas.
—Claro. Pero ¿por qué? —preguntó mientras sacaba la mochila de su habitación y se la entregaba al jefe.
—Ábrela, por favor —repitió él.
Ella se encogió de hombros, dejó la mochila sobre la mesa cercana a la puerta y la abrió. Sacó ropa, libros y…
Se quedó con la boca abierta. Aquella era una réplica de uno de los famosos huevos de Fabergé de la dinastía Romanov, que había sido originalmente creado para el zar de Rusia y su esposa. Estaba fabricado en oro y valorado en más de mil dólares el gramo en los mercados actuales. Además llevaba incrustados diamantes, zafiros, rubíes y esmeraldas. Costaba un dineral. Lo levantó con la mano y se quedó mirándolo con asombro. Recordaba haberlo visto en el salón de los Kirk, en una vitrina cerrada con llave. ¿Cómo…?

Se dio la vuelta y los miró. La señorita Bruner no sonreía, pero la mirada que vio en su rostro hizo que le dieran ganas de lanzarla por la ventana.

—Este huevo nos lo dejó en herencia nuestra abuela, a la cual se lo regaló su marido por Navidad hace décadas —explicó Mallory con hielo en sus palabras—. No tiene precio.

—Tal como están los precios del oro actualmente, solo el oro serviría para comprar un Jaguar —murmuró ella, sorprendida.

—Interesante que una pobre vaquera trabajadora sepa eso —respondió Mallory.

Morie le entregó el huevo a Mallory.

—¿Crees que lo he robado? —preguntó con orgullo.

—Las pruebas hablan por sí solas —respondió él.

Morie miró después a Cane, que parecía sorprendido, y a Tanque, cuya expresión era menos severa. Darby levantó la barbilla.

—No es ninguna ladrona —dijo él—. Puede que mi opinión no sea la más infalible del mundo, pero apostaría el dinero de mi jubilación a que esta chica es inocente. La he visto avisar a un vaquero al que se le había caído sin darse cuenta un billete de cinco dólares de la cartera. No es así como actúa una ladrona.

—Este huevo había desaparecido de la vitrina —dijo Mallory señalando el huevo.

—¿Y cómo iba a conseguir ella la llave? —preguntó Tanque.

—La mía ha desaparecido —respondió Mallory fríamente, y miró a Morie con los párpados entornados.

Ella se quedó mirándolo con el corazón roto. Sin un juicio estaría perdida. Todos la miraban con diferentes grados de desconfianza. Sabía que le habían tendido una trampa y sabía quién lo había hecho. Gelly Bruner, con ayuda, a juzgar por la sonrisa de aquel vaquero del granero que había ido a montar con ella. Bates. Pero no serviría de nada condenarlo a él sin pruebas. Nada de lo que dijera convencería a Mallory de que había sido una trampa. Podía verlo en su cara. Eso le partía el corazón. Si le hubiera importado algo, jamás la hubiera creído capaz de aquello.

Se quedó mirándolo con resignación.

—Supongo que ahora querrás llamar al sheriff —dijo, y pensó en cómo les explicaría aquello a sus padres. Su padre se quedaría escandalizado. Perseguiría a Mallory con su equipo de abogados y sería un duro golpe para su reputación y su riqueza. Su padre era un hombre vengativo. Sobre todo en lo que respectaba a sus hijos. Mallory Kirk no tenía ni idea de a qué se enfrentaba, y tampoco Gelly Bruner, cuyo pasado saldría a la luz cuando su padre se lo propusiera.

—No —dijo Mallory sin mirarla a los ojos—. No haré eso. Pero dejarás el trabajo de inmediato. Quiero que estés fuera de mi propiedad dentro de una hora. No más. Y Darby te vigilará mientras recoges tus cosas para asegurarse de que no desaparezca nada más.

Morie levantó la barbilla. La realeza española de hacía tres generaciones se notaba en su porte y en su arrogancia.

—En mi vida he robado nada —aseguró con orgullo—. Y te arrepentirás de esto. Te lo prometo.

—¡Amenazas! —murmuró Gelly—. ¡El último recurso de un ladrón al que pillan con las manos en la masa!

—Recuerda mis palabras —le dijo Morie—. Llevas ropa del año pasado, probablemente de una tienda de segunda mano, y estás intentando meterte en la vida del jefe —aquello sorprendió a todos, especialmente a Gelly—. Tú también eres una mentirosa. No sé qué te propones, pero tarde o temprano te delatarás.

Gelly se acercó más a Mallory. Había algo extrañamente peligroso en los rasgos delicados de la otra mujer. Algo que Gelly reconoció porque ya lo había visto antes.

—¿Por qué ibas a saber tú algo de moda? —preguntó Mallory con frialdad, y señaló sus pantalones socios y rotos, y la vieja sudadera que llevaba.

—Te sorprendería lo que sé y dónde lo he aprendido —respondió ella. Sus ojos negros brillaban como fuegos artificiales—. Algún día tú también sabrás la verdad sobre mí. Y hasta el día en que te mueras te arrepentirás de haberme acusado de un delito.

—Los delincuentes siempre dicen esas cosas —dijo Gelly.

—Tú lo sabes mejor que nadie —contestó Morie con una sonrisa fría.

—¡Cómo te atreves! —Gelly se acercó con la mano levantada.

—Te demandaré si me pegas —le dijo Morie—. Te lo prometo.

Mallory agarró del brazo a Gelly y tiró de ella.

—Acabemos con esto sin complicaciones —le dijo. Se sentía mal por haberla acusado de aquello. Ni siquiera le había permitido hablar—. Si tienes una defensa, adelante —añadió mirándola a los ojos.

Morie se carcajeó.

—Claro. Me han tendido una trampa y ella… —dijo señalando a Gelly— lo sabe. Pero nadie va a creerme. Yo soy solo la nueva.

Metió sus cosas en la mochila y recogió su pequeña tele, su ipod y su abrigo.

—Esto es todo lo que traje. ¿Puede alguien llevarme a la estación de autobuses del pueblo, o queréis que vaya caminando hasta allí? —preguntó con ironía.

Mallory se sintió aún peor al ver lo poco que tenía. Tal vez necesitara desesperadamente el dinero. Pero, de ser así, ¿por qué no pedirle ayuda directamente? No. Con su antagonismo, él mismo había hecho que eso resultase imposible.

—Yo te llevaré, cariño —le dijo Cane—. Vamos.

—Puedo llevarla yo —protestó Tanque.

Ninguno de los dos creía que fuese culpable, y eso era evidente.

—Gracias —les dijo Morie con sinceridad—. Os recordaré a ambos con gran cariño.

Mallory estaba echando humo. Odiaba encontrarse en aquella situación. Y sobre todo odiaba que sus hermanos le hicieran parecer a él el malo.

—Darby, ¿puedes llevarme tú al pueblo, por favor? —le preguntó a su amigo—. Si al jefe no le importa.

—Llévala —ordenó Mallory. Después miró a sus hermanos con rabia—. Por si no os habíais dado cuenta, ¡llevaba el huevo de la abuela en la mochila!

Ambos hermanos miraron a Gelly con una hostilidad solapada.

Ella se acercó más a Mallory.

—¿Por qué me miráis así? ¡Yo no he robado nada!

—Yo tampoco —le dijo Morie mientras Darby recogía las cosas más pesadas y ella se colgaba la mochila al hombro. Le dirigió una sonrisa a Gelly. No fue una sonrisa amable—. Cuando llegue a casa, mi padre querrá saberlo todo sobre ti —añadió suavemente—. Estoy segura de que encontrará cosas interesantes.

Gelly se vio asaltada por el pánico durante unos segundos. Pero se fijó en la ropa vieja de su rival y dejó de preocuparse.

—Oh, sí. Seguro —contestó riéndose—. ¿Acaso tiene ordenador?

«Puede que te sorprendas», pensó Morie, pero no dijo nada. Miró a Mallory con tristeza y dolor al pasar frente a él.

—Podrías haberme otorgado el beneficio de la duda —murmuró.

—Lo he hecho —respondió él.

—Crees que te he robado —dijo ella con voz herida.

—Y eso has hecho.

—Algún día descubrirás la verdad y lo lamentarás. Pero ya será demasiado tarde.

Mallory sintió un escalofrío por la espalda. No estaba equivocado. Gelly le había asegurado que uno de los empleados sabía algo, pero tenía miedo a decirlo. Ella se había enterado por casualidad mientras cabalgaban. El pobre chico estaba casi al borde del llanto mientras aseguraba haber visto a Morie con el hermoso huevo que en una ocasión había visto en el interior de una vitrina dentro de la casa. Por supuesto, sin él saberlo, Gelly había convencido a Bates para que fuese a hablar con Mallory y le contase su historia.

Mallory sentía náuseas. Morie iba a marcharse. No volvería a verla nunca. No debería importarle. Sabía que iba detrás de él por su dinero; ninguna otra mujer le había deseado jamás por otra razón. Sabía que no era guapo. Morie era una cazafortunas. ¿Por qué le hacía tanto daño ver el dolor en su cara, oírlo en su voz?

—Si vas a marcharte, hazlo —le dijo—. ¡Antes de que cambie de opinión y haga que te detengan!

—Oh, eso sí que sería interesante —respondió Morie con su descaro habitual—. Muy interesante. De hecho, me dan ganas de desafiarte a hacerlo —añadió mirando a Gelly, que parecía sonrojada y preocupada.

—¡No! —exclamó Gelly. De pronto ya no estaba tan segura de sí misma al ver la sonrisa de la otra mujer. Era amiga del juez que conocía a Cane. Tal vez desenterrara algo que ella no quería que se supiese—. No. Es demasiado. Es una pobre chica. Deja que se vaya. Algún día tendrá lo que se merece.

—Es más probable que eso te pase a ti —respondió Morie. Después miró a los hermanos—. Lo he pasado bien aquí.

—No me lo creo —dijo Cane.

—Yo tampoco —convino Tanque.

Y ambos miraron con rabia a Mallory.

—Bueno, os habéis dejado encandilar por ella —respondió Mallory en su defensa—. ¿Es que no habéis visto el huevo en su mochila? Supongo que ha llegado ahí por arte de magia.

Empezaron a discutir, pero Morie se interpuso entre ellos.

—Ya he causado suficientes problemas —les dijo—. Supongo que tendré que regresar y afrontar las consecuencias —se refería a regresar y dejar que su padre organizara el matrimonio con el hijo de su mejor amigo, que era multimillonario y tenía cebaderos de ganado al norte de Texas. Sería una unión muy beneficiosa.

—¿Tienes problemas en casa? —le preguntó Mallory.

—Algunos —respondió ella—. Gracias por el trabajo —añadió sin mucho sarcasmo—. He aprendido mucho aquí —se volvió hacia Darby—. Sobre todo gracias a ti —dijo con una sonrisa—. Te echaré de menos.

—Yo también te echaré de menos —dijo Darby, y miró con frialdad a Mallory mientras salía.

Morie se volvió hacia la puerta, pero se detuvo antes de salir y miró a Mallory.

—A ti no te echaré de menos —le dijo con desdén—. Me equivoqué por completo. Pensé que tú serías la última persona del mundo que me acusaría basándose en pruebas circunstanciales. Pero, claro, no puedo esperar que un desconocido se preocupe por mí. Tenía sueños... —dejó caer la mirada—. Sueños absurdos. Da igual, cuidaos, chicos —les dijo a los otros dos hermanos con una sonrisa débil—. Quizá nos veamos algún día.

Ellos fruncieron el ceño y miraron de nuevo a Mallory con odio. Pero Morie ya estaba en la camioneta con Darby al volante. De camino a Texas.

—Acuérdate de mis palabras. Esa mujer ha tenido algo que ver —dijo Cane con rabia—. Le ha tendido una trampa a Morie.

—Estoy de acuerdo —respondió Tanque—. Deberíamos haber impedido que se marchara. Tendríamos que haber obligado a Mal a escucharla.

—No lo hará. Estaba encaprichado con Morie. No le gustaba la idea. Quería creer que era una ladrona para tener excusa para despedirla —se volvió hacia su hermano—. Morie ha estado a punto de desafiarle a que la demandara. ¿Una ladrona estaría dispuesta a ir a juicio?

—No lo creo. Recuerdo que Joe Bascomb dijo que

estaba ansioso por que su caso fuese a juicio y que así pudiera lavar su imagen a los ojos de la comunidad. Pero, claro, ya sabemos cómo acabó eso —entornó los párpados al mirar hacia el granero—. Es interesante que Bates viera a Morie con ese huevo. Ella vive en otra habitación y la puerta siempre está cerrada, según dice Darby. ¿Cómo la vio entonces?

—¿Y qué diablos hacía montando a caballo con la novia de Mal? —añadió Cane—. Ahí hay algo sospechoso. Muy sospechoso. Fue Gelly la que encontró el taladro desaparecido en la maleta de nuestro antiguo empleado. Y ahora, sorpresa, resulta que oye a un vaquero que ha visto a una ladrona manipulando una valiosa joya. Qué casualidad.

Tanque apretó los labios.

—Creo que debemos investigar por nuestra cuenta. Sigo teniendo contactos en el gobierno, algunos son agentes de incógnito. No nos costaría mucho trabajo indagar en el pasado de la señorita Bruner.

—Mal nunca creerá nada malo de ella.

—¿Eso crees? Vamos a averiguarlo.

—Me apunto. Vamos allá.

Morie, ajena a las maquinaciones de los dos hermanos, iba en un autobús de camino a Jackson para tomar un vuelo a casa. No había permitido que Darby viese cómo compraba el billete a Jackson, porque se suponía que iba a volver a Texas. Y en realidad así era, pero en el avión privado de su padre, que estaría esperándola en el aeropuerto de Jackson.

No quería contarles a sus padres lo ocurrido por varias razones. Primero, resultaría humillante que supieran que su hija había sido acusada de robo. Segundo, su padre arremetería contra los Kirk con todas sus fuerzas. No pararía hasta haber utilizado todos sus recursos legales, y Gelly Bruner sería condenada, junto con aquel que hubiese sido su cómplice.

Tenía que ser Bates, pensó Morie. El muy estúpido estaba loco por Gelly. A saber qué le habría dicho para lograr su ayuda, pero Morie no se quitaba aquella extraña sonrisa de la cabeza. ¡Qué raro que Bates la mirase con esa sonrisa y, poco después, la despidieran del rancho acusada de robo! El vaquero había pasado toda la mañana con Gelly. Esta además ya había acusado a un antiguo empleado, que había sido despedido por robar. Todo era inútil.

Por supuesto, nadie sabía realmente quién era ella, ni cuál era su pasado. De haberlo sabido, nadie habría creído a Gelly. Morie era rica más allá de lo imaginable. Gelly, por el contrario, deseaba ser rica. Deseaba casarse con Mallory para poder tener lo que quería. Ella había sido un obstáculo en su camino. Gelly había sentido celos de ella desde el principio, y debía de saber que Mallory sentía algo más que respeto profesional hacia su nueva empleada.

Aquellos besos apasionados habían pillado a Morie con la guardia baja. Nunca imaginó que las cosas pudieran acabar así. Tuvo que contener las lágrimas de rabia y de dolor. Se dijo a sí misma que tal vez fuese lo mejor. Mallory la consideraba culpable. Si le hubiera gustado ella, nada habría podido convencerle de que había robado aquel huevo. Eso demostraba que lo que sentía por ella era solo físico. No se preocupaba por ella. Era imposible que se preocupara y que la tratara al mismo tiempo con esa frialdad.

Se secó los ojos con el pañuelo. Su padre se pondría hecho una fiera cuando descubriera dónde había estado. Pero Shelby la defendería. No pasaría nada. Simplemente tendría que superar los próximos días y todo empezaría a mejorar. Seguiría con su vida y Mallory iría borrándose de su memoria, día a día, hora a hora. Tal vez en un año ni siquiera fuese capaz de recordar cómo era. El tiempo era bondadoso.

Su padre y su madre estaban esperando en la pista del rancho. Estaban muy juntos, como siempre, sonriéndose el uno al otro hasta que Morie bajó los escalones del avión.

—¡Morie! —Shelby corrió hacia ella y la abrazó con fuerza—. ¡Cuánto me alegro de tenerte de nuevo en casa!

—¿Has estado revolcándote en la paja? —le preguntó su padre con desconfianza.

Ella sonrió y le abrazó.

—Sí, así es. No exageres, papá.

Él le devolvió el abrazo y se rio.

—De acuerdo. Es bueno tenerte en casa, muchacha —después la apartó de su lado y la miró—. Ahora dime dónde diablos has estado estas últimas semanas.

Ella suspiró.

—Trabajando en un rancho como vaquera —confeso.

—¡Dios todopoderoso! —exclamó su padre—. Yo no te dejo ni levantar un fardo de heno aquí y te vas a trabajar a un...

—Por favor, no empieces a exagerar —le dijo Morie—. He aprendido mucho allí. Cosas sobre el parto

y la alimentación de las vacas, sobre las vallas... todas las cosas que tú nunca me enseñabas. He aprendido desde cero. Y me lo he pasado bien haciéndolo.
—¿Dónde has trabajado? —preguntó su padre.
—En Wyoming, para unas personas que no sabían quién era —respondió ella—. Y eso es lo único que voy a contar al respecto.
—¿Era un rancho grande? —preguntó su padre.
—Un rancho familiar —respondió ella encogiéndose de hombros.
—Entiendo.
—De unos hermanos. Eran amables. Incluso tenía mi propia habitación en el barracón y todos los vaqueros cuidaban de mí. Era como aquí, pero más pequeño. Mucho más pequeño.
—¿Les dijiste quién eras cuando te marchaste? —quiso saber Shelby.
—No. Solo dije que tenía que volver a casa —contestó Morie mirando al suelo.
Shelby, que la conocía demasiado bien, estaba segura de que había cosas de la historia que su hija no quería contarles.
—Bueno, hablaremos de ello más tarde —dijo Shelby, y le dirigió una sonrisa a King—. Ahora, lo importante es que entre en casa y se arregle un poco. Sinceramente, Morie, estás hecha un desastre.
Morie se rio.
—Ha sido divertido, mientras ha durado.
—Es agradable tenerte en casa —contestó Shelby antes de abrazarla de nuevo—. Cuando no estás aquí, me veo rodeada de hombres. Nadie quiere hablar de recetas, ni de compras, ni de las ferias en París.
King puso cara de fastidio.

—Yo puedo hablar de la feria de finales de mes —se ofreció.
—Estoy ya cansada de oír hablar de eso. ¿Quién crees que tiene que encargarse de los preparativos, cariño? ¡No eres tú, precisamente! Seguro que tú no tienes ni idea sobre catering, bandas de música, mesas, sillas, carpas...
—Oh, pero ¿qué hora es? —preguntó King mirando el reloj—. ¡Tengo que ir a marcar ganado!
Shelby lo miró con el ceño fruncido.
—Entonces, ya que vas de camino, podrías dejarnos en la casa a Morie y a mí —le dijo con una carcajada.
Él le devolvió la sonrisa. Se echó al hombro la caja y la mochila que Morie había llevado consigo y se dirigió hacia el coche.

Más tarde Shelby acorraló a su hija en el dormitorio y cerró la puerta.
—Puedes engañar a tu padre —le dijo—, pero a mí no. Así que cuéntamelo —se sentó junto a Morie sobre la colcha de la cama—. ¿Qué ha ocurrido realmente?
Morie apoyó la cabeza en el hombro de su madre.
—Me he enamorado.
—¿De verdad?
—Era un tipo sensible. Tenía una novia que fingía ser algo que no es. Consiguió que alguien metiera un huevo de Fabergé en mi mochila y después fue al jefe y le dijo que yo lo había robado. Así que me despidió. Y aquí estoy. Fin de la historia.
—¿Te acusó de robo? —preguntó su madre, escandalizada.

—Sí. Dijo que no llamaría al sheriff, pero me despidió.

—¡Le demandaremos por difamación! —exclamó Shelby.

—Nada de eso —respondió Morie—. No serviría de nada. Esa mujer me tendió una trampa. No puedo demostrarlo, pero sé que lo hizo. Y él la creyó. Un hombre que ama a una mujer jamás la condenaría basándose en pruebas circunstanciales, por muy evidentes que fueran.

Shelby tomó aliento y, tras una pausa, asintió con la cabeza.

—Si eso es lo que deseas.

—Por favor, no se lo digas a papá.

—Tengo que decirle algo.

—Pues adórnalo un poco, por favor —sabía que sus padres no tenían secretos el uno para el otro. Envidiaba su complicidad. Sentía que nunca encontraría a nadie con quien compartir secretos.

—Lo suavizaré —le prometió su madre—. Pero no me gusta. No eres ninguna ladrona.

—Nosotros lo sabemos. No tenemos que demostrárselo a nadie.

—Eso es cierto. Pero me gustaría dejarles las cosas claras a tu jefe y a su novia —Shelby no era una mujer violenta, pero tenía carácter.

Morie le dio un abrazo.

—Gracias.

—Eres mi hija. Te quiero —le dio un beso en la mejilla y después frunció el ceño—. ¿Qué diablos te ha pasado en la cara?

—Es solo un arañazo. Estaba levantando una rama y me golpeó. Es superficial. Se me curará bien, ya lo verás.

Ahora, ¿qué me dices de un poco de pescado asado con hierbas y mantequilla?

Shelby se rio.

—De acuerdo. Solo por ti. Un regalo de bienvenida. Me alegra que hayas vuelto.

—Sí —Morie suspiró y miró a su alrededor—. Yo también.

# CAPÍTULO 9

Morie se entretuvo ayudando a su madre con los detalles para la gran feria. Mientras tanto, tuvo que hacer frente a los intentos de su padre por emparejarla. Daryl Coleman era alto, moreno y guapo. Su familia tenía enormes cebaderos al norte de Texas, y el propio Daryl era director general de una empresa petrolera con base en Oklahoma. Era hábil con las innovaciones tecnológicas y un genio con los ordenadores. Tenía todo lo que una mujer podría desear. Simplemente no era Mallory Kirk.

Pero le gustaba Morie y siempre estaba por allí. Después de la desconfianza y el trato poco amable de Mallory, Daryl era como un soplo de aire fresco. Tenía unos modales exquisitos y le encantaba bailar. A Morie también. Era una de las cosas que más le gustaban en la vida.

Daryl la llevó a Dallas en el avión de la empresa familiar y allí la llevó a un auténtico club de baile latino.

—Así que quieres aprender a bailar el tango —le dijo con una sonrisa—. Pues este es el lugar adecuado para aprender.

—No sé si me apasiona la idea —murmuró ella mirando a su alrededor—. En las películas parece mucho más fácil.

—Lo que aparece en las películas no es auténtico —le aseguró él. Le agarró la mano derecha con la izquierda y apoyó la otra en su cintura—. El tango es una batalla entre un hombre y una mujer. Es rápido y lento, insistente y sensual. Casi todo es juego de pies. Tú sígueme. Eres una bailarina excelente. Debería ser fácil para ti.

—¡Fácil! —exclamó ella tras tropezar con él en tres ocasiones y estar a punto de tirarle la bandeja con copas a un camarero que se dirigía hacia el restaurante situado al otro extremo del club. Cerca de la pista de baile no se permitía beber alcohol.

Daryl se carcajeó.

—Estás oxidada, muchacha —bromeó—. Has pasado demasiado tiempo entre ganado y no el suficiente con hombres atractivos como yo.

Ella levantó la mirada y se echó a reír.

—¡Y tan modestos!

—Yo soy modesto. Al fin y al cabo, tengo muchas cosas por las que ser modesto —le aseguró él.

Morie se apoyó en él mientras se reía.

—Daryl, eres de lo que no hay.

Él la abrazó con fuerza.

—Así es. De verdad, tienes que casarte conmigo —añadió con una sonrisa—. Tu padre lo dice cada vez que me ve.

Ella frunció el ceño.

—Me gustas mucho, pero mi padre busca fusiones, no relaciones. Estamos en crisis y quiere diversificar sus inversiones. Como tus padres.

Él se encogió de hombros.

—No he conocido a nadie con quien realmente desee

casarme —dijo con sinceridad—. Tú eres guapa y cariñosa, y no te casarás conmigo por mi dinero.

Morie dejó de bailar y lo miró.

—Alguien quería casarse contigo por eso —imaginó.

Daryl asintió.

—Ella también era cariñosa y guapa. Me volví loco por ella. Pero entonces, cuando estaba listo para declararme, la vi en una fiesta metiéndose en un dormitorio con el anfitrión. Salieron pocos minutos más tarde, despeinados y riéndose. Cuando le pregunté, dijo que claro que se acostaba con él. Le había regalado un anillo de diamantes y quería devolverle el favor. Dijo que todo el mundo lo hacía, que por qué me enfadaba tanto. Solo era sexo.

Morie se quedó mirando sus ojos negros.

—Esa es la actitud que tiene hoy en día casi todo el mundo. Ahora nada importa. Tener muchos amantes es lo normal. Es curioso que hace cincuenta años los hombres y las mujeres por igual estuvieran sometidos a una moralidad más estricta y las familias permanecieran unidas. ¿Hoy en día el índice de divorcio no es del cincuenta por ciento?

—Probablemente más —contestó él con un suspiro—. Soy tan anticuado que no encajo en ninguna parte.

—Yo también, querido —respondió ella, se acercó más a él y cerró los ojos—. Tal vez debería casarme contigo, Daryl. Nos parecemos en muchas cosas. Me gustas de verdad.

—Tú también me gustas, cariño. Supongo que hay razones peores en las que fundamentar un matrimonio.

Morie siguió con los ojos cerrados mientras bailaban e intentó no pensar en lo que había sentido cuando Mallory la había abrazado y besado hasta hacer que la cabeza le diera vueltas. Tal vez fuese más seguro casarse con un hombre que le gustase sin más. El amor apasionado hacía que la vida fuese más complicada.

Daryl le dio un beso en el pelo.

—¿Qué tipo de anillo te gustaría? —le preguntó.

Ella tomó aliento.

—No sé. Quizá un rubí. Me gustan los rubíes.

—Casualmente mi familia tiene acciones en una cadena de joycrías —bromeó él—. Así que podrás tener la piedra que se te antoje, y contrataremos a un diseñador para que cree el conjunto matrimonial de tus sueños.

El conjunto matrimonial de sus sueños habría incluido a Mallory como novio, pero no podía decir eso. Estaba cayendo en la red de su padre, permitiéndole controlar su vida. Había intentado rebelarse y había acabado mal. Muy mal. Tal vez fuese el momento de seguir el consejo de su padre y hacer algo sensato. Al fin y al cabo, Daryl era un buen hombre, y bastante guapo. Además, se conocían desde hacía tiempo. No sería una relación apasionada, pero sí duradera. De eso estaba segura.

Ahora lo único que tenía que hacer era dejar de pensar en Mallory Kirk. Eso no iba a ser fácil.

Mallory también estaba teniendo problemas. Sus hermanos se negaban a estar en la misma habitación que Gelly y, cuando ella iba al rancho, dejaban claro su desprecio desapareciendo en cuanto su coche aparcaba frente a la casa.

—¿Es necesario que dejéis tan claro que no os cae bien? —le preguntó Mallory a Cane.

—Inculpó a Morie —contestó Cane con frialdad.

—¡Maldita sea, no es cierto! Gelly estaba montando con Bates cuando este mencionó lo que había visto.

—Igual que resultó que sabía lo del taladro robado en la maleta de nuestro antiguo empleado —respondió Cane—. Cualquiera que hace que Gelly se enfade acaba despedido.

—No es más que una coincidencia —le aseguró Mallory evitando mirarlo a los ojos.

Cane se metió la mano en el bolsillo y se acercó al ventanal para contemplar los kilómetros de pastos verdes que empezaban a asomar por encima de los últimos restos de nieve.

—Y no permitiré que su amigo compre nuestra parte de terreno supuestamente baldío, por si acaso pensabas preguntármelo.

—Yo tampoco lo permitiré —añadió Tanque secamente al reunirse con ellos.

Mallory no respondió. Llevaba días escuchando a Gelly hablar del tema. Casi estaba a punto de vender el terreno solo para que le dejara en paz. Cuando no se mostraba odiosa, era la chica más cariñosa que jamás había visto. Le acariciaba, le besaba y le decía lo guapo que era, lo feliz que le hacía que se hubiera librado de esa cazafortunas a la que había tenido que despedir.

Para ser un hombre que no se consideraba guapo de una manera convencional, sus palabras resultaban una inyección para su ego. Eso le impedía ver sus otros defectos. No reconocería que era vulnerable porque se sentía culpable por haber despedido a Morie basándose en pruebas circunstanciales.

—¿Apareció la llave de la vitrina? —le preguntó Cane de pronto con los párpados entornados.

Mallory se acercó a él y se metió las manos en los bolsillos.
—Sí —respondió—. La encontré en el bolsillo de mi abrigo. Supongo que se me olvidó y la puse ahí en vez de en el cajón donde solemos guardarla.
—¡Qué raro! —murmuró Tanque.
Y Gelly sabía dónde guardaban la llave porque en una ocasión había dicho que le gustaba ese huevo y él había sacado la llave para abrir la vitrina y enseñárselo. Eso no se lo dijo a sus hermanos.
Se acercaron a la vitrina y observaron el huevo.
—¿Sabéis? —dijo Mallory de pronto con el ceño fruncido—. Me parece extraño.
—Yo estaba pensando lo mismo —respondió Cane—. Ábrela.
Mallory sacó la llave del cajón y abrió las puertas de cristal de la vitrina. Levantó el huevo y frunció el ceño de nuevo.
—Estos engastes parecen muy chapuceros. Y aquí... —señaló las joyas— no parecen muy... ¡Dios mío, es falso!
Cane se quedó con la boca abierta.
—Una falsificación barata.
—Morie —murmuró Mallory—. Ella llevaba el de verdad en la mochila.
—Pero te lo devolvió —respondió Tanque con rabia—. Volviste a ponerlo en la vitrina. Yo te vi hacerlo. ¡Morie ya se había ido para entonces!
Mallory no quería admitirlo. Le convenía pensar que Morie era una ladrona. La había echado de allí, le había herido el orgullo y la había tratado como a una delincuente. Y todo basándose en la palabra de un vaquero al que apenas conocía y una mujer que le atosigaba día y

noche para que contratara a sus amigos y les vendiera terrenos.

—Sí —no le quedó más remedio que admitir—. Para entonces ya se había ido.

Y toda la alegría de su vida se había ido con ella. Se había quedado con un vacío en el corazón y con la certeza de que tenía por delante largos años en los que Gelly tendría que aliviar el dolor que Morie había dejado atrás. No podría hacerlo. Le gustaba Gelly, pero no despertaba su deseo, ni siquiera con sus besos más apasionados. Intelectualmente no valía nada. Sus temas de conversación se basaban en programas de televisión, películas y moda.

—Es hora de llamar a los detectives privados —dijo Cane—. De hecho, Morie ya me lo aconsejó hace tiempo, cuando hablé con ella en la cabaña.

Mallory se quedó mirándolo con rabia.

—¿Qué estabas haciendo allí?

Su hermano sonrió con frialdad.

—Buscando a Morie después de que la hubieras disgustado.

—Era una empleada. Metía las narices en todo —murmuró.

—Sí, como preparar canapés para una fiesta y ayudar en la cocina. Y ni siquiera pidió más dinero ni se quejó al no obtenerlo —le recordó Tanque.

Mallory se sintió culpable.

—Tenía intención de compensarla por ello. Claro, que iba detrás de ese juez amigo tuyo —añadió con frialdad mirando a Cane.

—Danny Brannt es un gran chef —respondió Cane—. Su esposa y él tienen un ama de llaves que estudió cocina en París, y siempre andan buscando nuevos canapés para sus fiestas. De hecho, son famosos por ello. Según creo, su ama de llaves está ayudando en los preparativos de la gran fiesta que se celebrará el mes que viene en el rancho Brannt. Creo que estábamos invitados.

—Sí —murmuró Mallory sin prestar mucha atención—. King Brannt tiene unos toros de cría de los que habla todo el mundo. Tengo pensado comprarle uno para nuestro programa de cría —no añadió que aquel apellido le provocaba un vuelco en el corazón. No era que Morie tuviera relación con ese famoso Brannt; ella no era más que una pobre chica trabajadora.

—¿Podemos permitirnos comprar uno? —preguntó Cane—. Ahora es cuando empezamos a ver beneficios después de los dos últimos años de inversiones y cambios.

—Podemos permitírnoslo —respondió Mallory—. Tanque y tú sois tan responsables como yo de esos éxitos. Sé que ha sido duro. Agradezco lo que habéis hecho.

—Y yo agradezco lo que has hecho tú —dijo Cane—. Tú eres el que dirige el negocio. Puede que Tanque sea el especialista en marketing, y a mí me gusta enseñar nuestro ganado en las ferias, con la ayuda de los vaqueros que viajan conmigo, pero tú eres el que tiene la intuición para invertir el dinero y que dé resultados. Eso es algo bueno en mitad de una crisis.

—He tenido ayuda. Nuestro corredor de bolsa es un genio. Yo solo he hecho caso a sus sugerencias —estaba preocupado—. ¿Quién podría haberse llevado ese huevo? —preguntó—. ¿Y en qué momento desapareció?

—No lo sé. En algún momento desde que se marchó Morie hasta que encontraste la llave. La pregunta es, ¿quién tenía la llave y la oportunidad de acceder a la vitrina?

—No pudo ser por la fuerza —dijo Mallory, pensando

en voz alta—. Nuestro sistema de seguridad lo habría detectado.

—Y apostaría lo que fuera a que Mavie es inocente —añadió Tanque.

Mallory asintió.

—Yo también. Su antiguo jefe no tolera a los ladrones, igual que nosotros. Trabajó para él durante veinte años hasta que tuvo que renunciar a su rancho y jubilarse, lo que la dejó sin trabajo. Ha sido una adquisición muy valiosa.

Cane apretó los labios.

—¿Bates, quizá? —estaba pensando en voz alta—. Fue él quien dijo haber visto a Morie con el huevo. Interesante, porque Darby dice que ella tenía la puerta de su habitación cerrada siempre que estaba en el barracón, y la cerraba con llave.

—Sospechoso —confirmó Mallory.

—Una mujer en un barracón lleno de hombres cerraría su puerta con llave —respondió Cane—. Sobre todo una como Morie. Darby me dijo que vivía fuera del campus cuando estaba en la universidad, porque se negaba a vivir en una residencia mixta, aunque al resto del mundo le pareciese lo más normal.

—Podría haber mentido —dijo Mallory arqueando las cejas.

—¿Por qué crees que mintió? —preguntó Cane—. ¿Porque Gelly dijo que era así?

—No metamos a Gelly en esto —respondió Mallory a la defensiva—. Le tengo cariño —explicó metiéndose las manos en los bolsillos—. Está pasando por dificultades económicas porque su padre realizó algunas malas inversiones —se encogió de hombros—. Tal vez debería casarme con ella...

—Yo me marcho el día que ella entre por la puerta —le advirtió Cane—. Y Tanque se irá conmigo.

—En un abrir y cerrar de ojos —convino Tanque—. Y nos llevaremos nuestra parte de los beneficios del rancho —añadió con frialdad—. ¡A ver cómo lográis Gelly y tú manteneros a flote solo con un tercio del terreno y del ganado!

—No haríais eso —respondió Mallory, herido.

—Lo haría sin pensar —le aseguró Tanque.

—Yo también —convino Cane—. No pienso vivir con Gelly.

—Pero, ¿qué os ha hecho para que seáis tan hostiles con ella? —preguntó Mallory, exasperado.

Cane miró a Tanque.

—Está más ciego que un murciélago.

—Y es más testarudo que una mula —convino Tanque—. No distingue la pirita del oro.

—Morie robó el huevo —insistió Mallory—. ¡Lo escondió en su mochila e iba a venderlo!

—Claro —Cane agarró el huevo falso y se lo mostró a Tanque—. Y lo reemplazó por este después de que lo guardáramos en la vitrina —añadió mirando a su hermano—. Claro, que para entonces ya iba en un autobús de camino a su casa. Supongo que habrá sido magia.

Tanque asintió.

—Y qué curioso que la llave reapareciera en el bolsillo del abrigo de Mal.

—Qué conveniente.

—Gelly no podría haberse llevado el huevo —dijo Mallory, respondiendo a una acusación que sus hermanos no habían expresado verbalmente—. ¡Nunca ha estado a solas aquí!

—Tuvimos una conferencia telefónica con el comité

de la asociación de ganaderos del estado —le recordó Cane—. Los tres fuimos al despacho para hablar. Mavie estaba en la cocina preparando la cena y Gelly estaba aquí sola. En cuanto regresamos, dijo que tenía un asunto urgente y debía irse al pueblo.

—No pudo ser ella —protestó Mallory, aunque era una protesta sin fundamento.

—Si crees que es inocente, vamos a demostrarlo —dijo Cane—. Conozco al mejor detective privado. Dane Lassiter, de Houston. Deja que investigue para nosotros. Si Gelly no tiene nada que ocultar, eso la exculpará.

—Y, si no —intervino Tanque—, será mejor saberlo ahora, sobre todo si eres tan cabezón como para intentar casarte con ella.

—Ella me quiere —respondió Mallory—. Dice que no puede vivir sin mí —añadió sin mirarlos a los ojos—. Cree que soy guapo.

—Nadie que piense que eres guapo puede ser sincero —le dijo Cane—. ¡Mírate en un espejo! Pero el aspecto no tiene nada que ver con el carácter, y tú tienes mucho de eso. A las mujeres no les importa el aspecto. Les importan las acciones.

Mallory lo miró con rabia.

—Tiene razón —añadió Tanque dándole una palmadita en la espalda—. Te queremos. Nosotros no te mentiremos. Pero podrías preguntarte por qué Gelly sí. Y por qué no para de intentar conseguirles trabajos a sus amigos y terrenos a un desconocido al que apenas conoce.

Mallory empezaba a flaquear. Había sido testarudo porque se sentía culpable por cómo había tratado a Morie. Sus hermanos tenían razón. Morie no podría haberse llevado el huevo. Había abandonado el rancho minutos después de que lo encontraran en su mochila, y él estaba seguro de que había tenido en sus manos el auténtico cuando estaba en el barracón. Él mismo lo había vuelto a poner en la vitrina, después de que Morie se fuera. Así que tendría que haber sido reemplazado después de que ella se marchara... reemplazado por aquella copia barata que solo habría logrado engañar a alguien desde lejos. A ninguno de ellos se les había ocurrido mirarlo de cerca. No había habido razón para ello.

—Deja que llame a Dane —insistió Cane—. Si tienes razón sobre Gelly, me disculparé.

—Y yo también —convino Tanque.

Mallory respiró profundamente.

—De acuerdo —dijo tras unos segundos con expresión sombría—. Llámale.


La finca estaba resplandeciente, llena de color y adornos, sobre todo el enorme patio de piedra donde colocarían las mesas la semana próxima para la gala de la feria de King. Acudirían rancheros de todo el mundo para ver su ganado, que sería subastado allí mismo.

—Papá hace las cosas a lo grande —murmuró Morie mientras su madre y ella repasaban los detalles con el equipo de profesionales que darían los últimos retoques y contratarían al catering para la ocasión. Era una misión demasiado grande para una sola persona, aunque Shelby llevaba las riendas de la operación y dictaba lo que quería que se hiciera.

—Sí, es verdad —contestó su madre con una sonrisa—. Está muy orgulloso de su rebaño.

—Yo también —respondió Morie—. Ahora que sé cómo funciona un rancho desde abajo, admiró aún más lo mucho que papá cuida de sus animales y de sus empleados.

—Mi hija, la vaquera —comentó Shelby riéndose.

—Me lo pasé bien. En general —respondió ella, y agachó la mirada.

Shelby se volvió hacia la mujer que se encargaba de los planes para la fiesta.

—Has podido contratar a Desperado para que toquen, ¿verdad?

Tenny Welsh se rio.

—Sí, así es —respondió—, aunque el grupo ya está medio retirado. Todos tienen hijos y las giras no son compatibles con la familia, según dicen. Pero lo harán por vosotros —le dijo a Shelby—. Heather Everett es muy buena amiga del cantante. Ella los convenció.

—¡Que Dios la bendiga! —dijo Shelby con fervor—. Es un encanto.

—Y también su hija, Odalie —respondió Tenny con un suspiro—. ¿La has oído cantar alguna vez? ¡Canta como los ángeles!

—¿Dónde la has oído tú? —preguntó Morie con curiosidad.

—Va a nuestra iglesia y canta solos en el coro —respondió la otra mujer con una sonrisa—. Es un placer oírla.

—Por cierto, ha recibido una oferta de la ópera de Nueva York —le dijo Shelby a su hija—. Está planteándose si ir o no.

—Sería una pena malgastar un talento como ese —dijo Tenny—. ¡Me encantaría tener una voz así!

Morie no dijo nada. Estaba pensando en su hermano, Cort, que estaba enamorado de la tímida rubia, que al parecer le odiaba. Nadie sabía por qué. Bueno, tal vez

Cort sí lo supiera, pero no contaba nada sobre su vida privada.

—Aquí está el menú definitivo —dijo Shelby mientras le entregaba una hoja impresa a Tenny—. Y, por favor, asegúrate de que haya variedad de canapés para todos los gustos, y mucha fruta.

—Siempre lo hago —le recordó Tenny con una sonrisa. No era la primera vez que organizaba grandes fiestas para los Brannt—. Conozco bien tus gustos, Shelby.

Shelby se rio.

—Será una ocasión muy especial. Tenemos a una famosa estrella del fútbol, cuatro actores y actrices, el presidente de una gran empresa de ordenadores, dos agentes del gobierno, varios mercenarios y el antiguo vicepresidente.

—¿El vicepresidente? —preguntó Morie, sorprendida.

—Es amigo de tu padre —respondió su madre—. Claro, que también lo son los mercenarios. Le gustan las ovejas negras.

—Bueno, son gente interesante —añadió Tenny—. Sobre todo ese hombre, Grange, que trabaja para los Pendleton. ¡Las cosas que he oído sobre él!

—Sí. Era comandante de los Boinas Verdes —comentó Shelby—. Y corre el rumor de que condujo a un grupo de mercenarios hasta México para rescatar a Gracie Pendleton cuando fue secuestrada por aquel dictador sudamericano derrocado, Emilio Machado.

—He oído hablar sobre él —dijo Morie con el ceño fruncido—. ¿No se dijo que había relación entre Machado y nuestro Rick Márquez, que trabaja como detective de homicidios para el departamento de policía de San Antonio?

—Sí —respondió Tenny—. Hay documentos que lo relacionan con la madre de Márquez.
—Barbara, la que lleva el café de Jacobsville —murmuró Morie—. Sirve una comida deliciosa. He comido allí cuando he ido a visitar a una amiga...
—No. No me refiero a su madre adoptiva —aclaró Tenny—. Me refiero a su madre biológica.
Ambas mujeres se quedaron mirándola sin decir nada.
—Eso sí que es interesante —comentó Shelby.
—Y no os atreváis a repetirlo —respondió Tenny—. A mí me lo contó alguien en quien confío y se supone que no debo decírselo a nadie. Pero tú puedes guardar un secreto —le dijo a Shelby con una sonrisa—. Como bien sé.
—Sí —Shelby no dijo nada más, y su hija se quedó extrañada por aquel comentario.

Daryl fue a hablar con King sobre un nuevo toro que su padre quería añadir al programa de cría, pero se detuvo el tiempo suficiente para poder hablar con Morie en privado.
—Dijiste que querías rubíes —le recordó.
Ella se sonrojó, porque en realidad no se había tomado lo del compromiso muy en serio. Al parecer él sí.
—Daryl...
—Si no te gusta el diseño, podemos cambiarlo —le aseguró él antes de abrir la cajita—. He pedido que lo hicieran así porque sé lo mucho que te gustan las rosas.
Morie se quedó sin aliento al ver los anillos. Tenían los engastes más hermosos que había visto en su vida, realizados en oro de dieciocho quilates. El anillo de compromiso era una rosa con los pétalos engastados en oro y con

rubíes rojos. El del centro era el más grande de todos. Estaba diseñado de tal manera que se entrelazaba con el anillo de boda.

—Toma —Daryl los sacó de la caja y le agarró la mano. Vaciló con una sonrisa—. ¿Quieres probártelos? Sin presión. Vienen con un prometido, pero puedes dejarle siempre que quieras si encuentras a alguien que te merezca más.

Morie contempló sus ojos negros con gran placer. La había llevado al cine, le había enseñado a bailar el tango, había cabalgado con ella por el enorme rancho de su padre. Había sido un amigo e incluso un confidente. Aunque a sus padres no, a él le había contado toda la verdad sobre su estancia en el Rancho Real, y Daryl se había mostrado empático y cariñoso. Además era un hombre discreto. En ningún momento les había contado sus secretos a sus padres.

Morie podría encontrar a alguien peor.

Daryl se rio, porque lo había dicho en voz alta.

—Sí, podrías —le aseguró—. ¡Y yo aún conservo casi todos mis dientes!

—¿Casi todos? —preguntó ella con curiosidad.

—Tu hermano me partió uno cuando íbamos juntos a la universidad. No recuerdo por qué discutíamos. Pero dijo que, como no podría vencerme en una pelea justa, sería mejor que fuésemos amigos. Y lo hemos sido todos estos años.

—Sí, bueno, mi hermano tiene problemas de actitud de vez en cuando —admitió Morie. Era un hombre temperamental, como decía Shelby que era su padre antes, y tendía a ser demasiado impulsivo. Pero era una buena persona. Como Daryl.

Se encogió de hombros.

—Por lo menos puedo probármelos, ya que te has tomado la molestia de pedir que los diseñaran —bromeó mientras estiraba la mano.

Le quedaban perfectamente. Combinaban muy bien con el suave bronceado de sus manos, y los engastes reflejaban la luz de mil formas diferentes. El corte era exquisito.

—Me encantan —confesó.

—¡Bien! —contestó él con una sonrisa—. ¿Cuándo nos casamos?

Morie se quedó mirándolo con pánico. Mallory seguía ahí, en alguna parte, aunque la odiase y la considerase una ladrona. Ella debería odiarlo, pero no podía. Lo amaba. La realidad era que, si él hubiera reconsiderado la historia del robo, ya se habría puesto en contacto. La habría llamado, le habría escrito una carta, algo. Cualquier cosa. Pero por su parte solo había habido silencio. Seguía pensando que era una ladrona. Eso le atormentaba.

—No cambiará de opinión, Morena —le dijo Daryl utilizando su nombre real—. Los hombres así nunca se equivocan, o eso creen. Te estás aferrando a los sueños. Siempre es mejor vivir en la realidad.

—Tienes razón, claro —respondió ella—. Es solo que...

Daryl se inclinó y le dio un beso en la frente.

—Un compromiso no es un matrimonio. Simplemente di que sí. Lo anunciaremos en la fiesta, nuestros padres se alegrarán y dejarán de meternos presión para que nos casemos —le levantó la cabeza para que lo mirase—. Y, si las cosas al final salen bien entre tu ranchero y tú, yo me quedaré con los anillos y me iré. No tienes nada que perder, de verdad.

Morie tomó aliento. Aquello tenía sentido. No estaba

del todo de acuerdo, pero estaba segura de que el futuro sería muy negro si se enfrentaba a él ella sola. En ciertos aspectos, Daryl era perfecto para ella, y a su padre le haría mucha ilusión. Tal vez sirviera para lograr que dejase de indagar en su pasado reciente y para evitar que arremetiese contra los Kirk si descubría por qué la había despedido Mallory. Esa era razón suficiente para decir que sí. Daryl tenía razón en otra cosa más; un compromiso no era un matrimonio. Podría romperlo cuando quisiera, sin rencores.

—Sería una pena desperdiciarlos —murmuró acariciando los anillos.

—Es justo lo que yo pensaba —convino él.

—De acuerdo. Podemos estar prometidos. Pero es como un compromiso de prueba —añadió ella con firmeza—. Nada más.

Daryl le acarició la punta de la nariz con el dedo índice.

—Nada más. Lo prometo.

Su padre se alegró muchísimo cuando le dieron la noticia.

—Gracias a Dios que has entrado en razón —le dijo antes de estrecharle la mano a Daryl—. Bienvenido a la familia. Podréis casaros muy pronto.

—No queremos precipitarnos —dijo Daryl al notar la incomodidad de Morie—. Vamos a tomarnos nuestro tiempo y a conocernos mejor.

King entornó los párpados.

—¿Es necesario? ¿Por qué?

—Papá, por favor, no presiones —dijo Morie con ternura.

—Es por ese maldito ranchero de Wyoming que te despidió, ¿verdad? —preguntó de pronto su padre—. El hijo de Satán se enfrentará a una demanda por difamación en cuanto descubra quién te inculpó. ¡Y la suya no será la única cabeza que ruede cuando lo descubra!

CAPÍTULO 10

Morie sintió un vuelco en el corazón al oír la rabia y la amenaza en las palabras de su padre.
—¿Cómo lo...? —preguntó, horrorizada al darse cuenta de que iba a intentar arruinar a los Kirk. Estaban en una situación económica precaria. Podría lograrlo.
—No me creí la historia de que volviste a casa voluntariamente. Te conozco —respondió su padre—. Estabas destrozada por lo que hubiese ocurrido. Le pedí a un amigo de Houston que investigara un poco. Y, vaya, lo que descubrí.
Morie se acercó más a él.
—Palabras —dijo con calma—. No eran más que palabras. Me tendieron una trampa... ya lo sabes. Mallory Kirk tiene una novia celosa. Ella pensaba que estaba acercándome demasiado a él, así que encontró la manera de hacer que me despidieran.
—Deberías haber hecho que te demandara —respondió King acaloradamente—. Habría logrado desarmar los argumentos de esa rubia en el estrado.
Estrado. Jurado. De pronto Morie entornó los párpados.

—Has hablado con el tío Danny. ¡Me ha delatado!

Su padre pareció incomodarse.

—Danny no me dijo nada. Solo hizo algunos comentarios raros y a mí me extrañó que de pronto dejaras un trabajo que le habías dicho que te encantaba.

—Así que contrataste a un detective privado —dijo ella con resignación—. Mira, papá, no importa. Voy a casarme con Daryl. En Wyoming nadie me conoce. ¿A quién le importan los rumores que circulen por ahí sobre por qué me marché del rancho?

—A mí me importan —respondió su padre—. Eres mi hija. Te acusaron de un delito. Y ahora hay otro delito del que podrían intentar culparte.

—¿Perdón? —preguntó ella con un nudo en el estómago.

—Robaron un huevo de Fabergé de la casa y lo reemplazaron por una falsificación barata que pasó inadvertida hasta hace unos días —dijo King—. Si pensaron que lo habías robado tú la primera vez, puede que vayan detrás de ti y te demanden ahora que ha desaparecido de verdad.

—Yo vi a Mallory Kirk regresar hacia la casa con el huevo en la mano, justo después de que me dijera que me fuera.

—Sí, bueno. Pues alguien se lo llevó después.

—Yo ya me había ido de Wyoming —protestó ella.

—Podrían decir que te lo llevaste contigo —respondió su padre—. Podrían decir que dejaste que Kirk lo encontrara en tu mochila porque tenías el de verdad escondido. Fue una discusión acalorada. Él podría decir que no se dio cuenta de que era falso porque estaba muy alterado.

Morie se sentó en el brazo del sofá con cara de preocupación.

—No pienso dejar que tachen a mi hija de ladrona —continuó su padre—. Limpiaremos tu nombre y no me importa quién caiga. La gente que roba debería estar entre rejas, Morena. Deberías haber hecho que llamasen a las autoridades y te denunciaran.

—Eso fue lo que hizo Joe Bascomb —dijo ella amargamente—. Y fue condenado por asesinato, cuando era inocente.

—¿De verdad? —preguntó su padre con los párpados entornados—. Danny cree que en esa historia hay más datos de los que conoces. Es él quien se puso en contacto con los detectives privados, para investigar a tu amigo Bascomb porque tú le pediste ayuda para conseguirle un abogado. Y en el proceso averiguaron lo del huevo robado.

Morie se sentía cada vez peor. La situación no podía empeorar.

—De acuerdo, tienes razón. Pero ¿no puede esperar a después de la fiesta? —preguntó amablemente—. No lo estropeemos con procesos judiciales. Mamá ha trabajado mucho.

King frunció el ceño. Sabía lo duramente que había trabajado Shelby para el evento.

—De acuerdo —convino tras una pausa—. Solo quedan unos días. Pero, después —añadió con hielo en la voz—, dejaremos las cosas claras en Wyoming.

Ella asintió. No era algo que quisiera hacer. Mallory Kirk iba a llevarse una gran sorpresa, y no iba a gustarle. Su padre se lo comería vivo. Se quedó mirando a King mientras este hablaba con Daryl. En otras circunstancias, Mallory le habría caído bien. Se parecían en muchos aspectos. Además, su padre también había desconfiado de su madre y la había considerado una oportunista durante su tempestuosa relación. Aunque no pensaba decírselo, claro.

El tío Danny y su esposa, Edie, acudieron con sus hijos y con Safie, su ama de llaves, para quedarse allí durante la subasta. Morie y Daryl se llevaron a los niños a montar a caballo y al cine para tenerlos ocupados mientras los adultos lo organizaban todo para el evento.

La casa era grande, y habían añadido instalaciones cuando los niños iban al colegio para que pudieran invitar a sus amigos. Tenía un inmenso salón de baile, una piscina interior, una cancha de tenis en la parte de atrás, los establos y un redil para los toros de King. Era una finca maravillosa. En el garaje había seis Jaguar, dos sedanes, dos descapotables y dos deportivos antiguos. Los descapotables eran de Cort y de Morie, aunque habían tardado mucho tiempo en convencer a King de que eran tan seguros como la mayoría de los otros coches.

La mañana del sábado en que daba comienzo la subasta llegó casi sin que Morie se diese cuenta. Al pequeño aeropuerto situado al sur del rancho no paraban de llegar aviones privados, que aterrizaban, repostaban y volvían a despegar tras dejar allí a sus pasajeros.

A Morie le fascinaba la lista de invitados. Veía con asombro a gente famosa paseando por los alrededores.

—Déjalo ya —bromeó Daryl dándole la mano—. Ya los has visto antes.

—Sí, en la tele —le aseguró ella—. ¡Mi padre nunca se había excedido tanto para una subasta!

—Está haciendo una declaración de intenciones —comentó Daryl de un modo extraño.

—¿Perdón?

—Da igual —respondió él con un suspiro—. Te acompaño al granero de la subasta.

—No puedo —contestó ella—. Tengo que ayudar en la cocina preparando canapés. Aunque ayudemos todos, incluyendo a la tía Edie, a Safie y a los del catering, tendremos que esforzarnos para que esté todo listo para la fiesta de esta noche. Mientras todos los ganaderos babean con los toros de mi padre, las mujeres se devanan los sesos intentando que haya suficiente comida. Y eso no incluye la barbacoa que tendrá lugar en las carpas a la hora de la comida —añadió señalando hacia las carpas y las parrillas humeantes—. ¡Al menos de eso se encargan los vaqueros! Gracias a Dios que logramos que el viejo Rafe saliese de su retiro el tiempo suficiente para preparar sus famosas galletas. Por no hablar de su barbacoa de ternera.

—Todo merecerá la pena si tu padre vende suficientes toros —observó Daryl.

De pronto a Morie se le ocurrió una cosa.

—Daryl, tú tienes explotaciones petroleras. ¿Realizáis fracturas hidráulicas?

—No —respondió él de inmediato—. Realizamos extracciones lejos de la costa, y tenemos algunas plataformas en Oklahoma, pero ponemos atención a donde perforamos y tenemos dispositivos de seguridad.

—No pretendía ofenderte —se apresuró a decir ella—. Pero me preguntaba si sabías de alguna empresa que realizase fracturas hidráulicas en Wyoming.

—Sé de una que quiere intentarlo —respondió él—. El dueño es un hombre apellidado Cardman. Ha sido demandado en dos estados por sus escasas medidas de se-

guridad; si no se hace bien, contamina el agua de la zona. Se inyectan agua y productos químicos a gran presión en la roca para fracturarla y que así se liberen el petróleo y el gas. En estos momentos no tiene muy buena fama. Grabaron un documental sobre los peligros. Esa es una de las razones por las que no invertimos en ello.
—Cardman —repitió ella.
—Es un tipo sospechoso —afirmó Daryl—. Es conocido por comprarles tierras baldías a los terratenientes incautos y después explotarlas. Mucha gente le ha demandado. Pero él se va a otro estado y sigue haciéndolo.
—¡Qué vergüenza!
—Desde luego.

Se lo mencionó a su madre mientras terminaban de llenar la última bandeja con canapés aquella noche, antes de que los invitados se congregaran en el salón de baile.
—Fractura hidráulica —murmuró su madre—. No suena nada bien.
—Sé que necesitamos petróleo. Nadie quiere tener que vivir en chozas y caminar ochenta kilómetros hasta una ciudad —argumentó Morie—. Pero hay maneras seguras de extraer petróleo, y luego está la fractura hidráulica. Esa mujer de la que te hablé no paraba de intentar convencer a Mallory para que le vendiera a un amigo suyo unos terrenos baldíos de su propiedad. Nunca dijo por qué, pero ahora siento curiosidad.
—Deberías comentárselo a tu tío Danny. Él conoce a los Kirk.
—Puede que lo haga.
Shelby le acarició la mejilla a su hija. El arañazo se le

había curado y su piel volvía a estar suave y lisa, como la suya propia.

—Cariño, ¿de verdad vas a casarte con Daryl?

—Papá quiere que lo haga.

—¿Y qué quieres hacer tú, Morena?

—Yo quiero casarme por amor —respondió con tristeza en la mirada—. Pero, cuando no es correspondido, tal vez sea mejor conformarse con alguien sincero y amable que de verdad te guste. Daryl es una persona maravillosa.

—Sí que lo es. Pero, si no le amas, y si él no te ama, os estaréis engañando mutuamente. Yo me casé por amor. Nunca me he arrepentido. Ni una sola vez.

—Tuviste suerte —dijo Morie con una sonrisa.

—Al final sí —respondió su madre riéndose—. ¡Si hubieras conocido a tu padre como era antes! Fue como domesticar a un lobo.

—¿De verdad?

—¡Peor! A un oso. Ese tal Mallory Kirk, según lo describes, debe de parecerse a tu padre. Al principio se enfrentarían, pero después se harían amigos.

—Las probabilidades serían mínimas —contestó Morie con un suspiro.

—No sé. La vida es curiosa —dijo Shelby—. Nunca se sabe las sorpresas que te tiene reservadas.

Quince minutos más tarde, Morie se encontró con una buena razón para recordar el comentario de su madre. Mallory Kirk entró por la puerta con Gelly Bruner.

Morie, de pie junto a Daryl, los vio entrar con frialdad. El corazón le latía desbocado en el pecho, pero intentó actuar con normalidad. Con su exquisito vestido blanco de alta costura, sus pendientes de diamantes y un elegante recogido en el pelo, parecía una auténtica debutante de la alta sociedad. Gelly, sin embargo, llevaba un vestido negro de la temporada anterior; no estaba mal, pero tampoco llamaba la atención. Mallory, vestido de etiqueta, estaba impresionante, aunque no tuviera el porte de una estrella de cine. Su cuerpo fornido estaba hecho para la ropa de etiqueta. Estaba elegante, aunque parecía sombrío.

Morie vio a su padre acercarse a Mallory y el estómago le dio un vuelco.

—Usted debe de ser Kingston Brannt —dijo Mallory ofreciéndole la mano—. Yo soy Mallory Kirk. Mis hermanos y yo tenemos un rancho en Wyoming. He venido a comprar uno de esos toros de cría sobre los que tanto he leído en la prensa especializada.

King no le dio la mano. Se quedó mirándolo con unos ojos negros capaces de cortar un diamante.

—Ya sé quién es usted.

Mallory pareció confuso.

—Esta es mi amiga, Gelly Bruner.

—Señor Brannt, he oído hablar mucho sobre usted —murmuró ella.

King ni siquiera la miró.

—Nunca había visto tanta gente famosa —continuó Gelly—. ¡Debe de conocer a toda la gente rica del planeta!

—Son amigos, señorita Bruner —respondió King secamente—. No los escojo por sus cuentas bancarias.

—Claro que no —se apresuró a decir ella.

—Hola —le dijo Danny Brannt a Mallory, y él sí le estrechó la mano—. ¿Qué tal están tus hermanos?

—Trabajando, como siempre. Me alegra volver a verte.
—Lo mismo digo —Danny miró a su hermano, que seguía con cara de pocos amigos—. Siempre nos gusta recibir la visita de otros ganaderos.
—Me encanta la decoración —comentó Gelly—. Me gustaría saber dónde han encontrado tantas rosas de esa clase.
—Oh, eso es cosa de mi sobrina. Le encantan —respondió Danny—. Su prometido le ha regalado un juego de anillos con ese diseño. ¡Ahí está! Ven aquí, cariño.
Estaba dejando suelto al gato entre las palomas y le encantaba. A King le molestaba que su hermano le hubiese robado el protagonismo, porque él tenía otra cosa pensada para las presentaciones.
Morie le apretó la mano a Daryl con fuerza y se unió a ellos.
—Esta es mi sobrina, Morena —anunció Danny—. Y su prometido, Daryl Coleman. Es presidente de una empresa petrolera.
Morena levantó la cabeza con orgullo. Fue consciente de que Gelly palidecía y Mallory se quedaba muy quieto al darse cuenta de quién era.
—Sí, mi hija trabajó para usted varias semanas, según creo —dijo King con tono amenazador—. Y se le permitió dejar su trabajo en vez de ser denunciada por robo. Puede que le interese saber que he contratado a un detective privado para investigar esas acusaciones. Y le aseguro que habrá represalias. ¡Nadie acusa a mi hija de ser una maldita ladrona!
Mallory se quedó mirándola con la boca abierta. Aquella elegante mujer, con su vestido de alta costura, rodeada de lujos, prometida de un joven adinerado, era

la misma vaquera que había puesto su vida patas arriba y se había marchado rodeada de sospechas.

—Vaya… vaya, menuda sorpresa —dijo Gelly con una risa nerviosa.

—¿Verdad? —respondió Morie—. Por cierto, señorita Bruner, ¿ese amigo suyo que quería comprar el terreno del rancho, no se apellidará Cardman, por casualidad? Porque Daryl me ha contado cosas muy interesantes sobre su pasado, y sobre las demandas a las que se enfrenta por sus prácticas de extracción poco seguras.

—Era Cardman —respondió Mallory, y se quedó mirando fijamente a Gelly. Ya eran demasiadas sorpresas para una sola noche.

—Deberías venderle el terreno —le aconsejó Morie con una sonrisa—. Así, cuando quieras ver fuegos artificiales, solo tendrás que echar una cerilla encendida en el agua.

Mallory la miró con rabia.

—Me mentiste —dijo con voz áspera.

—Bueno, los ladrones mienten, ¿no? —respondió ella.

—Mi hija no es ninguna ladrona —le dijo King a Mallory con brillo en la mirada—. No le hace falta robar. Según he oído, desapareció un huevo de Fabergé de su rancho. Dado que mi hija parece estar implicada en el caso, he contratado a Dane Lassiter, de Houston, para que investigue el robo.

—Cane ya le contrató para que lo investigara —le informó Mallory—. Y yo no creo que Morie se lo llevara —añadió sin mirarla a los ojos—. Fue robado después de que ella abandonase el rancho.

—Qué amable por tu parte eliminarme de la lista de sospechosos —dijo ella—. Algunas semanas tarde, claro —estaba mirando a Gelly, que estaba pálida y parecía tambalearse—. Tal vez en el futuro tenga más cuidado a la hora de acusar a alguien de robo, señorita Bruner. En esta ocasión, parece que le ha salido el tiro por la culata.

—Yo no he acusado a nadie —murmuró Gelly—. ¿Podemos marcharnos? —le preguntó a Mallory—. ¡No toleraré que se me ataque de esta forma!

—Si no recuerdo mal, no le importó atacarme a mí —respondió Morie—. Ni a ese pobre vaquero que fue despedido por un taladro que apareció misteriosamente en su maleta.

—¡Tenemos que irnos! —exclamó Gelly. Parecía cada vez más nerviosa.

—Si usted tiene algo que ver con los cargos contra mi hija, señorita Bruner —continuó King—, haré que mis abogados acaben con usted. Es una promesa. Si tiene algo que ocultar, le aseguro que saldrá en las noticias.

Gelly le soltó el brazo a Mallory y salió literalmente corriendo hacia la puerta de entrada.

—En cuanto a usted —le dijo King a Mallory—, en la historia de este rancho nunca he tenido que hacer que expulsen a nadie de la propiedad. Si su amiga y usted no se han marchado dentro de una hora, juro por Dios que el sheriff en persona le acompañará hasta el aeropuerto.

Mallory suspiró con pesar. Miró a Morie, que estaba guapísima con aquel vestido, aunque sus ojos fueran de hielo. Se aferraba a aquel maldito crío, su prometido, y parecía encantada de no volver a verlo nunca más. Y él se moría por ella. La había echado de menos, la deseaba, se culpaba a sí mismo por su situación. Se la había imaginado sin recursos, en un albergue en alguna parte porque no podía encontrar otro trabajo. Y de pronto aparecía en una mansión, rodeada de riqueza, mimada por su padre, el ganadero más rico de Texas.

Gelly le había engañado. Morie le odiaba. Su padre le odiaba. Nunca superaría aquello. Había sido un estúpido, y ahora tenía lo que se merecía. Morie había deseado amarlo. Él la había rechazado. Ahora estaba prometida a otro hombre, dispuesta a casarse y a formar una familia. Él regresaría a Wyoming para pensar en su idiotez y enfrentarse al futuro él solo.

—Bueno, si tuviera cicuta —dijo metiéndose las manos en los bolsillos—, supongo que me la bebería ahora.

Danny tuvo que contener una carcajada. A nadie más le hizo gracia. King tenía cara de odio. Morie se mostraba impasible, al menos en apariencia.

Shelby llegó en mitad de la conversación. Arqueó las cejas al ver la escena.

—Dios mío, ¿se ha producido un asesinato? —preguntó.

Mallory la miró sorprendido al reconocerla.

—Yo conozco su cara —dijo.

—Era modelo profesional cuando me casé con King —contestó ella con una sonrisa mientras entrelazaba el brazo con el de su marido.

—Su madre era Maria Kane, la actriz —continuó Mallory. Ella asintió.

—He estado viendo sus películas por televisión —comentó él, y miró a Morie—. Ahora entiendo por qué nos resultabas familiar.

—Se parece a mi madre —contestó Shelby—, señor...

—Kirk. Mallory Kirk.

Shelby dejó de sonreír inmediatamente y sus ojos oscuros comenzaron a brillar.

Mallory suspiró.

—No hace falta que diga más —asintió y miró a Morie—. Que conste que nadie creyó que te hubieras llevado el maldito huevo. No tuviste oportunidad. En cuanto a mis acusaciones, lo siento. He sido un idiota, he estado ciego, como no han parado de recordarme mis hermanos desde que te marchaste. Supongo que he necesitado un golpe en la cabeza para convencerme —se encogió de hombros—. No necesito un mapa para saber dónde buscar al ladrón. Lo siento mucho —les dijo a los Brannt—. Morie era una de las mejores trabajadoras que he tenido nunca. No se quejaba, no pedía que hiciéramos concesiones con ella y corría riesgos que yo nunca le hubiera permitido correr de haberlo sabido.

Morie no dijo nada. Estaba demasiado compungida. Era tarde. Demasiado tarde.

—¿Qué riesgos? —preguntó King fríamente.

—Para empezar, un encuentro con un asesino fugado que es amigo de mi hermano Tanque —respondió él.

—No es culpable —dijo Morie en tono defensivo—. Estoy segura.

—Y yo estoy seguro de que lo es —respondió Mallory—. Tanque le tiene cariño y no atiende a razones —miró de nuevo a King, que seguía furioso—. Me temo que es un rasgo familiar. Pero el hecho es que Joe Bascomb tiene un temperamento atroz y en una ocasión golpeó a una mula hasta casi matarla. Cualquier hombre que trate así al ganado tratará igual a otro hombre.

—Aquí nadie trata así a los animales —dijo King.

—Tampoco en mi rancho —aseguró Mallory.

—Deberías dejar que se quedara —le dijo Danny a su hermano.

King sonrió. No era una sonrisa agradable.

—No le gustará estar aquí.

Mallory contempló el rostro tenso de Morie y sintió un vacío frío en su interior.

—Podrías haberme dicho quién eras desde el principio.

—Yo quería aprender a trabajar en un rancho y él… —señaló a su padre con la cabeza— no me dejaba hacerlo aquí.

—Te educamos para ser una dama —contestó King—. No una vaquera.

—¡No tenías por qué andar quitando ramas de las vallas! —exclamó Mallory.

—No le grite a mi hija —respondió King con furia.

—Su hija fue una idiota —argumentó Mallory—. Podría haberse hecho daño de verdad. Yo pensaba que era lo que decía ser; una pobre chica sin suerte que necesitaba el trabajo desesperadamente.

—Y necesitaba el trabajo —aseguró Morie a la defensiva—. Estaba harta de que los hombres me desearan por lo que tenía mi padre en vez de por lo que yo era.

Mallory miró a Daryl con rabia.

—A mí no me mires —contestó Daryl con una sonrisa—. Mis padres aparecen en la lista de las quinientas mayores fortunas del mundo. Y yo tengo mi propio negocio. No me hace falta casarme por dinero.

—Él tenía el mismo problema —respondió Morie—. Por eso nos vamos a casar.

—No es cierto —respondió Daryl.

—¿No lo es? —preguntó ella.

—Ella se casa conmigo porque sé bailar el tango.

—Bueno, sí. La mayoría de los hombres no sabe bailar —dijo Morie mirando a su padre.

—Tu madre no se casó conmigo por mis habilidades como bailarín —señaló King.

—Menos mal —añadió Shelby, y miró más allá de Mallory—. Creo que su amiga le está haciendo gestos.

Mallory se dio la vuelta. Gelly estaba señalando frenéticamente hacia la puerta.

—Le da miedo que la arresten antes de que puedas llevarla hasta el avión —comentó Morie con una sonrisa. Pero de pronto la sonrisa desapareció—. Y puede que sea la verdad.

Mallory se sentía como un insecto bajo una lupa. Sabía que allí no iba a hacer cambiar de opinión a nadie. Tendría que volver a casa y hacer lo posible por deshacer el daño. Morie iba a casarse con aquel palurdo, ¿verdad? No si él podía evitarlo.

—No te cases con él —le dijo con firmeza señalando a Daryl con la cabeza.

—Bueno, tú no sabes bailar el tango —respondió ella amargamente.

—¿Cómo lo sabes?

—No va a quedarse el tiempo suficiente para demostrar sus habilidades como bailarín —dijo King con impaciencia.

—Ya me voy —Mallory se dio la vuelta, pero vaciló un instante—. Todos cometemos errores. Por eso le ponen gomas de borrar a los lápices.

—Algunos cometemos errores mayores que otros —respondió Morie—. Admito que no debería haber solicitado el trabajo sin decir la verdad. Pero deberías haberme concedido el beneficio de la duda.

—Dadas las circunstancias, eso no me parecía posible.

—No mientras tu novia siguiera colocando pruebas a diestro y siniestro.

—No es mi novia —aseguró Mallory—. Ya no —miró

a Morie a los ojos al decirlo, y todo su cuerpo se estremeció.

—Voy a casarme —le informó con una sonrisa tensa—. Así que no me mires a mí para reemplazarla.

—Imposible —dijo Mallory mirando a Kingston Brannt—. Jamás entraré en una familia a la que pertenezca él.

—¡Lo mismo digo con respecto a mi hija! —respondió King.

Mallory miró a Shelby y negó con la cabeza.

—Debe de ser usted una mujer con muchas agallas.

—¿Porque me casé con él? —preguntó Shelby con una sonrisa—. No es tan malo, cuando lo conoces un poco.

—Cosa que usted no hará —murmuró King—. ¿No se iba?

—Supongo que sí —convino Mallory. Volvió a mirar a Morie con algo de orgullo y evidente arrepentimiento—. ¿No quieres oír mi parte de la historia?

—Claro —respondió ella—. Igual que tú quisiste oír la mía.

Mallory miró a todos los miembros de la familia, uno detrás de otro, después se dio la vuelta y se alejó lentamente. Gelly lo agarró del brazo cuando llegó a la puerta y comenzó a hablar antes de que hubieran salido. Pero Mallory no la escuchaba.

—Bueno, ahora entiendo por qué tuviste que abandonar Wyoming —dijo Shelby después de que los invitados se fueran a casa, cuando estaban sentadas en la cama de Morie.

—Es un fastidio —admitió Morie—. Pero ¿has visto

la cara que ha puesto Gelly al darse cuenta de quién era yo? Me ha venido muy bien.

—Probablemente también se haya dado cuenta del problema en que se ha metido —respondió Shelby. Se quedó mirando la cara de su hija—. Realmente quieres a ese hombre, ¿verdad?

—Eso creía —dijo Morie—. Pero, si fue capaz de juzgarme por las palabras de otra persona, es que no me conoce. No quiere conocerme. Es feliz siendo un soltero junto a sus hermanos.

—No sé.

—Yo estaba viviendo una fantasía —dijo Morie mientras acariciaba la colcha—. Pensaba que él empezaba a conocerme y que le gustaba, igual que él a mí. Pensé que me deseaba. Pero en realidad estaba jugando.

—¿Por qué iba a hacer eso? —preguntó Shelby—. No me ha parecido un hombre frívolo.

—No lo es.

—Tal vez a él también le hayan deseado por su riqueza.

—Y aún le pasa, ¿o es que no has visto a Gelly? —preguntó Morie con una carcajada.

—Es una mujer oportunista y fría, si quieres mi opinión —admitió su madre.

—Incluso sus hermanos sospechaban que estaba teniéndome una trampa, pero Mallory no les hizo caso. ¡Es increíblemente cabezón!

—Igual que tu padre, querida.

—Supongo.

—No deberías casarte con Daryl cuando sigues enamorada de otro hombre —le aconsejó Shelby—. No es justo para ninguno de los dos.

Morie no respondió. Recordaba la sorpresa en la cara

de Mallory al verla de la mano de Daryl. Había sido una dulce venganza. Pero de eso al perdón había un trecho.

—¿Cómo podría volver a confiar en él? —preguntó Morie—. ¿Quién dice que no volvería a hacer lo mismo?

Shelby le dio un beso en la mejilla.

—El amor requiere confianza. Ahora me voy a la cama. Seguiremos hablando mañana, ¿de acuerdo? Estoy muy cansada.

—Sé que lo estás. Todo ha salido a la perfección. Bueno, salvo por Mallory, que ha echado a perder la velada.

—Se ha defendido bien frente a tu padre —murmuró su madre—. Eso no es fácil. Casi todos los hombres le tienen miedo. Mallory, en cambio, no.

Morie se había dado cuenta de eso. Hacía que se sintiese orgullosa. Pero no iba a decirlo.

—Que duermas bien —le dijo a su madre antes de darle un abrazo.

Shelby le dio un beso en el pelo.

—Tú también, cariño. Buenas noches.

CAPÍTULO 11

—¡No puedes creer lo que dicen! —exclamó Gelly, al borde de la histeria—. ¡Es rica, así que puede acusarme de cosas y yo no puedo defenderme!

Mallory la miró, sentada en el asiento del avión junto a él.

—¿No eras tú la que hacía lo mismo antes con ella?

Gelly lo miró con rabia.

—Ella robó el huevo. Sé que lo robó. ¡Tú mismo lo viste en su mochila!

—Sí que lo vi —aún se reprendía mentalmente a sí mismo por haber considerado a Morie culpable.

—Yo no lo puse ahí. ¡Lo juro!

—Han contratado a un detective privado. Mis hermanos también. El mismo detective. Qué coincidencia, ¿verdad?

Ella cambió de posición sobre su asiento. Empezaban a acercarse demasiado a la verdad. No podría soportar una investigación minuciosa.

—¡Pondré una demanda por invasión de mi intimidad!

—Gelly, el detective está investigando el robo de un

huevo de Fabergé —le recordó él—. ¿Qué tiene que ver eso con tu intimidad?

Ella se aclaró la garganta.

—Lo siento —dijo con una sonrisa forzada—. No pensaba con claridad. Estoy muy disgustada. ¡Su padre es odioso!

—Su padre la quiere. Es muy protector. Yo sería así con mis propios hijos.

Gelly se acurrucó junto a él.

—¿No te gustaría formar una familia? A mí sí. Podríamos casarnos de inmediato.

—Podríamos. Pero no vamos a hacerlo.

—Pero yo te gusto, ¿verdad?

Mallory se quedó mirándola a los ojos, que eran como cajas registradoras, fríos como el hielo, y se dio cuenta de que nunca hasta ese momento la había visto como realmente era. Había hecho falta casi una tragedia para abrirle los ojos.

—Realmente quieres ser rica, ¿verdad?

Ella se quedó mirándolo con los ojos abiertos.

—¿Y quién no?

—Hay cosas más importantes que el dinero.

Gelly se rio con frialdad.

—Claro que las hay, si lo tienes.

—Quiero saber más sobre ese amigo tuyo, Cardman —dijo él de pronto.

Ella miró a su alrededor con inquietud.

—No es más que un tipo al que conozco. No tiene mucha suerte.

—¿No será por culpa de las demandas?

Gelly se aclaró nuevamente la garganta.

—Creo que voy a intentar dormir un rato —dijo con una sonrisa ensayada—. He tenido una velada muy desagradable. ¿No te importa?

—No me importa.
Se acurrucó en su asiento y apoyó la cabeza en su brazo. Mallory se levantó y fue a sentarse en el asiento de enfrente, donde tenía acceso a un ordenador portátil. Lo abrió y comenzó a hacer sus propias averiguaciones.

Cuando llegó a casa, sus hermanos estaban en el salón tomando café y viendo las noticias antes de irse a dormir. Se quedaron mirándolo con curiosidad.

—Has vuelto pronto —dijo Tanque—. Pensé que la idea era volver mañana.

—Ha habido una sorpresa inesperada.

Ambos arquearon las cejas.

Mallory se metió las manos en los bolsillos y los miró.

—Kingston Brannt tiene una hija.

—Ah —contestó Cane con una sonrisa perversa.

—¿De verdad? —añadió Tanque—. ¿Y te has fijado en ella?

—Era difícil no hacerlo —respondió Mallory—. Trabajó para nosotros durante varias semanas.

Sus hermanos se quedaron perplejos.

—¿Morie? —preguntó Cane—. ¿Es la hija de Brannt?

—Ya te dije que el apellido no era una coincidencia, ¿no? —comentó Tanque—. Tenía elegancia y educación.

—¿Qué diablos hacía trabajando aquí? —quiso saber Cane.

—Estaba cansada de que los hombres quisieran casarse con ella por su dinero —explicó Mallory.

—Lo entiendo bien —convino Tanque.

—Así que ha encontrado a un hombre que está forrado y ahora está prometida a él —continuó Mallory—. Es un chico guapo. Su familia figura entre las quinientas mayores fortunas del mundo. Y a su padre le cae bien.

El énfasis en las últimas palabras fue lo que llamó la atención de sus hermanos.

—Doy por hecho que a King no le caes bien tú —murmuró Cane.

—Es difícil. Acusé a su hija de robo y la despedí —contestó Mallory. Se quitó la chaqueta, se aflojó la corbata y se dejó caer en su sillón reclinable—. Debí de estar ciego para pensar que nos había robado.

—Tenías a Gelly, que te ayudaba a pensarlo —le recordó Cane.

—Gelly estaba medio histérica cuando nos hemos marchado —les confesó Mallory—. El padre de Morie contrató a un detective privado —miró a Cane—. Al mismo que contrataste tú. Dane Lassiter. Al mencionarlo, Gelly ha estado a punto de desmayarse. Y hay algo más. Ese amigo suyo, Cardman, que quería comprarnos parte del terreno baldío, está en el negocio del petróleo. Utiliza el proceso de la fractura hidráulica para extraerlo del subsuelo. Ha sido demandado en varios estados por la falta de seguridad que dio como resultado la contaminación del agua.

—Creo recordar que estabas a favor de venderle el terreno —comentó Tanque.

—De acuerdo, restriégamelo. He sido un auténtico idiota —murmuró Mallory—. No tengas reparos en recordármelo.

—Cualquiera puede dejarse engañar por una mujer —dijo Cane amargamente.

—Salvo yo —agregó Tanque con una sonrisa.

Nadie dijo nada. No era cierto. Antes tenía un radar a prueba de fallos en lo referente a las mujeres. De hecho, había sido el primero en sospechar que Gelly no era lo que aparentaba ser. Pero su historial estaba manchado desde su último romance fallido.

—¿Y qué hay de Morie? —preguntó Cane.

—¿Qué pasa con ella? —dijo Mallory con actitud defensiva.

—No intentes engañarnos... somos tu familia —respondió Tanque—. Era evidente que sentías algo por ella, aunque te resistieras con uñas y dientes.

Mallory entornó los párpados.

—Puede ser. Pero no voy a entrar en una familia en la que esté King Brannt.

—Ooooh —murmuró Tanque—. ¡Cuánto rencor!

—Desde luego —convino Cane.

—Es un hombre cabezón, intransigente, sarcástico, beligerante y temperamental con los modales de un perro rabioso.

—Así que te cayó bien —respondió Cane con una sonrisa.

—Nunca he visto un perro rabioso —comentó Tanque.

—Te llevaré a Texas para que puedas verlo por ti mismo —murmuró Mallory.

—Por defender un poco al hombre, debe de ser bastante ofensivo que acusen a tu única hija de robo. Y, por lo que he oído, nadie iguala en temperamento a King Brannt.

—Deduzco que no llegaste a ver a Cort en la fiesta —dijo Cane.

Mallory frunció el ceño.

—¿Quién es Cort?

—Su hermano mayor. Si crees que King tiene temperamento, aún no has visto nada —explicó Cane—. Un ganadero hizo un comentario desagradable sobre sus prácticas medioambientales que no le gustó, así que lo lanzó a través de la cristalera del restaurante. Vino la policía y se produjeron arrestos. Cort simplemente se rio. Al parecer el ganadero vendía ganado de raza cuya sangre digamos que no era muy pura. Cort le delató en el juicio. Se retiraron los cargos y el ganadero desapareció. Creo que aún siguen buscándolo.

—Cualquier ganadero que sea digno de llamarse así puede distinguir a un buen toro solo por su estampa —murmuró Tanque.

—Sí, bueno, el ganadero iba a venderle el ganado a un recién llegado desde el este que acababa de adquirir un rancho y estaba comprando toros para su nuevo rebaño —respondió él—. Se puso furioso al descubrir lo que había perdido.

—Que Dios nos ayude —exclamó Tanque—. Así que el criminal se fugó y dejó al chivato cargando con las consecuencias.

—¿El criminal? Sigues hablando como un policía.

Tanque se encogió de hombros. Era doloroso recordar el incidente de la frontera en el que había resultado herido. Pero cada vez le costaba menos trabajo vivir con ello.

—Lo siento —se disculpó Cane—. No pretendía traerte malos recuerdos. A veces se me olvida.

—A mí también —respondió Tanque con una sonrisa—. No hay problema.

Mallory estaba escuchando sin decir nada. Veía a Morie con su precioso vestido, con el pelo recogido y sus hombros al descubierto. Veía a aquel joven agarrado a su cintura y sentía la rabia creciendo en su interior. Morie habría sido suya si él la hubiese deseado. La había besado, la había abrazado y acariciado. Ella era inocente. ¿Seguiría siéndolo? ¿O se habría lanzado sin dudar a la cama de aquel casanova, resentida por su rechazo y su falta de confianza?

—¡Maldito niño guapo! —murmuró para sí mismo.

—¿Perdón? —dijo Cane.

—El prometido de Morie —respondió con frialdad.

—Estoy seguro de que solo le gusta porque es guapo —dijo Tanque.

—Qué vas a decir tú —contestó Mallory con fastidio—. Vosotros sois los guapos de la familia. Yo me parezco a nuestro abuelo. Parecía como si se le hubiera prendido fuego la cara y alguien lo hubiera apagado con un hacha.

Sus hermanos se carcajearon.

—Bueno, aún tenemos que hacer frente a las demandas —continuó Mallory—. Brannt va a demandarnos por difamación.

—No lo hará —contestó Cane—. Morie no lo permitirá. Tiene buen corazón.

—Un gran corazón —convino Tanque—. Es tan inocente como Joe Bascomb.

Cane se quedó callado y Mallory lo miró.

—Eres leal a tus amigos. Es uno de tus mejores rasgos. Pero Joe golpeó a la mula de su padre y estuvo a punto de matarla. ¿Lo has olvidado?

—Joe dijo que fue su padre —respondió Tanque.

—Hubo testigos, Tanque —le recordó Mallory—. En la misma época su madre tuvo que ir a urgencias con una fractura en el brazo. Se dijo que había intentado impedir que Joe golpeara a la mula y este la golpeó con una llave de tuercas.

—Ella dijo que se cayó —respondió Tanque.

—No quieres oír estas cosas, pero ya sabes que Joe se fue del Ejército por problemas mentales —le recordó Cane—. Atacó a dos hombres en el barracón por reírse de él porque no sabía deletrear. Uno de ellos acabó en el hospital.

—Puede que todo eso sea cierto, pero aun así podría no haber causado deliberadamente la muerte del hombre que estaba dándole una paliza a Laura Teasley.

—Lo sé —contestó Cane—. Pero tiene un largo historial de comportamiento violento. Eso salió en el juicio. Además, Laura testificó que Joe ya le guardaba rencor a la víctima por un trabajo que realizó y nunca cobró.

—Estábamos hablando de los Brannt —dijo Tanque para cambiar de tema—. Y seguimos sin saber quién se llevó ese huevo.

—Las únicas personas que tenían acceso a esta habitación eran Mavie, que sabemos que no lo hizo, y nosotros. Y Gelly —añadió Cane.

—Eso no es del todo cierto, ¿verdad, Tanque? —preguntó Mallory de pronto.

Tanque se quedó mirándolo.

—Joe solo estuvo aquí una vez, justo antes de que lo arrestaran.

—Tanque, se acercó a la cabaña para hablar con Morie sin que ella se diese cuenta —le recordó Mallory—. Es un hombre del bosque. Puede entrar y salir de donde sea. Es herrero y cerrajero. Puede abrir cerraduras.

—¿No es suficiente que le acusen de un crimen que no cometió? ¿Es que también vamos a empezar a acusarle de robo? —preguntó Tanque, y se puso en pie exasperado—. Me voy a la cama. Esta discusión no nos lleva a ninguna parte.

—Yo también —convino Cane poniéndose en pie—. Dane Lassiter ha enviado a uno de sus mejores detectives a echar un vistazo por aquí. Descubrirá algo, estoy seguro.

—Probablemente tenga que ver con Gelly, me temo —dijo Tanque mirando a Mallory con preocupación—. Espero que no estés más encariñado con ella de lo que parece.

—No lo estoy —aseguró Mallory con pesar—. No era más que una mujer con la que salir.

—Será mejor que no se le ocurra una acusación mejor que las que hizo contra Morie y nuestro antiguo empleado —le dijo Cane.

—¿Como qué? —preguntó Mallory.

—Quizá resulte estar embarazada.

—No de mí —respondió Mallory—. No soy tan descuidado.

—Podría mentir.

—La prueba de paternidad me exculparía. Además nunca llegué a tener intimidad con ella.

—Me alegro —dijo Tanque.

—Sí —convino Cane.

Mallory no mencionó que había estado a punto una vez, después de que Morie se marchara. Él estaba deprimido y necesitaba consuelo. Pero no había cruzado la barrera con Gelly. Así que, aunque le acusara de eso, podría refutarlo. Sin embargo sí le preocupaba que intentara tenderle una trampa. Quería dinero y estaba desesperada. Se preguntó si se habría llevado ella el huevo. Había tenido la oportunidad y los motivos. Imaginó que tendrían que esperar a que el detective privado averiguase algo.

Se fue a la cama pensando en la verdadera identidad de Morie y en la última imagen que tenía de ella, con aquel vestido blanco, elegante como una princesa, rodeada de los ganaderos más ricos del mundo.

Pocos días más tarde llamó a la puerta un hombre alto y moreno de pelo negro y largo, con ojos grises y vestido con traje.

Mavie le dejó entrar y llamó a Mallory, que era el único hermano presente en la casa en ese momento.

—Ty Harding —se presentó el hombre al estrecharle la mano—. Trabajo para Dane Lassiter, de Houston.

—Adelante —respondió Mallory—. Mavie, café, por favor.

—Enseguida —respondió ella, y le dirigió una mirada sonriente al atractivo recién llegado. No solo era guapo, sino que además tenía el físico de una estrella de cine; alto y musculoso, aunque no de manera evidente.

Harding se sentó frente a Mallory.

—He terminado con la investigación.

—Entonces, ¿sabe quién robó el huevo? —preguntó Mallory de inmediato.

El detective asintió.

—Se vendió a un traficante de Denver mediante una tercera persona por diez mil dólares.

Mallory se quedó mirándolo con la boca abierta.

—¡Pero si vale diez veces eso!

—Sí, lo sabemos. El traficante ha sido arrestado y le han confiscado el huevo a su nuevo dueño. Está bastante disgustado. Pagó por él un cuarto de millón. Por suerte, el traficante no había tenido tiempo de distribuir más de un tercio del dinero.

Mallory se sintió aliviado.

—Esa joya era de nuestra abuela —explicó—. No

tiene precio, pero sí un valor sentimental. ¿Quién lo robó?

Harding vaciló un instante. Mavie entró con las tazas de café sobre una bandeja de plata. También había bizcocho. Lo dejó sobre la mesa y volvió a sonreír al detective. No sonreía mucho. A Mallory le sorprendía su reacción.

—Espero que le guste el bizcocho —dijo—. Lo hice ayer.

—Me encanta. Gracias.

—¿Leche? ¿Azúcar?

Harding negó con la cabeza y se rio, lo que dejó ver unos dientes blancos y perfectos.

—Hace años que me acostumbré a tomarlo solo. Es difícil encontrar leche y azúcar en algunos de los lugares en los que he trabajado.

—Gracias, Mavie —dijo Mallory.

Ella lo miró, se aclaró la garganta, se excusó y se marchó.

—Una mujer muy agradable —comentó Harding antes de probar el café—. Colombiano —adivinó—. Mi favorito.

—¿Sabe distinguir el origen de la mezcla? —preguntó Mallory con asombro.

—Es una afición.

Mallory no dijo nada.

—Bueno. Entonces ¿quién robó el huevo?

Harding dio otro trago al café y dejó la taza.

—Un trío, me temo.

—¿Qué trío? —Mallory le daba vueltas a la cabeza mientras buscaba sospechosos.

—Una mujer de la zona, Gelly Bruner, robó el huevo. Tenía una llave de la vitrina, que le proporcionó un preso fugado, Joe Bascomb, que necesitaba dinero para evitar

217

que le pillaran. Había un tercer hombre involucrado, aunque de manera indirecta. Un tipo apellidado Bates. Parece ser que ayudó a la señorita Bruner a colocar las pruebas.

—¡Bates trabaja para mí! —exclamó Mallory—. Dijo que vio a Morie Brannt con el huevo en el barracón.

—Creo que también ayudó a colocar pruebas contra otro vaquero que trabajaba aquí, un hombre llamado Harry Rogers, que piensa poner una demanda por arresto injustificado.

—Genial —dijo Mallory—. Supongo que nuestros abogados estarán entretenidos.

—Rogers tiene razón, pero es al sheriff que le arrestó a quien piensa demandar, y a la señorita Bruner. No le va a demandar a usted. Dijo que a usted le engañaron, igual que a él.

Mallory se sintió conmovido.

—En ese caso, podrá recuperar su empleo con un aumento, si así lo desea, y además le pagaré el abogado.

—Tendrá que hablar con él de eso. Sin embargo, su vaquero Bob Bates ha sido arrestado y acusado de ser cómplice del robo.

—Estoy asombrado. Sospechaba de Gelly, pero no tenía ni idea de que Bates estuviera implicado.

—Sentía algo por ella y es muy joven —respondió Harding—. Está horrorizado por lo que hizo. Ella le dijo que era una broma. No supo la verdad hasta que la señorita Brannt fue despedida, y entonces le dio miedo decir la verdad.

—Eso no excusa el robo —aseguró Mallory.

—Es su primer delito —dijo Harding—. Estoy seguro de que quedará en libertad. Sin embargo, la señorita Bruner está en una situación bien distinta. Ella tiene antecedentes.

—¿Por qué? —preguntó Mallory.

—Por robo. No es su primer tropiezo con la justicia. Nunca la han condenado, pero ha sido acusada en dos ocasiones por el robo de antigüedades en casas privadas. Me temo que no va a ser fácil para ella. Aparecía su firma en el recibo de los beneficios de la venta del huevo robado, y Bates va a testificar contra ella a cambio de una reducción de condena. Puede situarla en la casa con un duplicado de la llave en el momento del robo. Parece ser que Bascomb también le hizo una copia de la llave de la casa.

—Oh, Dios mío —exclamó Mallory.

—Así que tal vez sea buena idea revisar sus otros objetos de valor para ver si falta alguno o si ha sido reemplazado —le sugirió el detective.

—Lo haré hoy mismo —le aseguró Mallory—. Ha descubierto muchas cosas en muy poco tiempo.

Harding se encogió de hombros.

—Me encanta mi trabajo. Antes era policía, pero me cansé del horario, así que dejé el departamento de policía de Houston y me fui a trabajar para Dane Lassiter. Es un buen jefe.

—Eso he oído.

—Corre el rumor de que Joe Bascomb no obtuvo su parte del dinero y que busca venganza —añadió Harding—. Si yo fuera usted, colocaría patrullas extra para que vigilaran por aquí. Ahora está realmente desesperado. Han traído personal especializado para que se adentre en el bosque a buscarlo.

—Me aseguraré de que todos vayamos armados —le dijo Mallory—. Y gracias.

—Ha sido un placer —contestó Harding con una sonrisa.

Mallory les contó a sus hermanos lo que Harding le había dicho y juntos recorrieron la casa en busca de algún otro objeto desaparecido. Para su sorpresa, descubrieron que faltaban al menos dos valiosos jarrones de cerámica y una copa de oro macizo en miniatura, por no hablar de una cubertería de plata que guardaban separada de las demás en un armario especial. Casi nunca la utilizaban y los hermanos le prestaban poca atención, porque no estaba en una zona de paso de la casa.

Mallory llamó al departamento del sheriff y un agente se encargó de tomarles declaración. Prometió que su investigador se pondría en contacto con las autoridades pertinentes en Denver para buscar los objetos. Mallory no esperaba que apareciesen, pero siempre cabía esa posibilidad, por pequeña que fuera.

Gelly le había llamado a cobro revertido desde el centro de reclusión, llorando y pidiéndole ayuda.

—Soy inocente —decía—. ¡Me han tendido una trampa! ¡Es mentira!

—Gelly, tenías duplicados de las llaves que Bascomb te proporcionó —respondió él—. El fiscal tiene un testigo que te vio vender el huevo a un traficante en Las Vegas. ¿Qué esperas que haga?

—¡Tienes que ayudarme! —exclamó ella—. ¡Les diré que estoy embarazada! ¡Llamaré a los periódicos!

—Adelante —respondió él.

—¡Lo digo en serio!

—Yo también. Tendrías que demostrarlo. Ambos sabemos que es imposible.

—Bueno, yo lo sé. Pero puedo mentir. ¡Sé cómo mentir y hacer que la gente me crea!

—Desde luego que sí —convino él con frialdad—. Hiciste que despidiéramos a Morie con tus mentiras. Por no mencionar a Harry Rogers, que trabajaba para nosotros y fue despedido por robar un taladro que ni siquiera se había llevado.

—Esa imbécil —murmuró Gelly—. Me inventé todo tipo de historias sobre ella y tú te las creíste todas.

—Sí, así es.

—Quizá yo no pueda tenerte, pero ahora tú nunca la tendrás a ella. No creo que te deseara realmente. ¡Eres más feo que un sapo!

Se sintió herido por aquel comentario.

—Puede ser —respondió—. Pero yo soy rico.

Gelly se limitó a resoplar.

—Adiós, Gelly.

Colgó el teléfono y extrajo el dispositivo en el que había grabado la conversación. Aunque no le había dicho que estaba siendo grabada, aquello serviría como prueba de que él no era responsable de ningún embarazo que ella pudiera alegar. Lo guardó en el cajón de la mesa del teléfono, lo reemplazó por uno nuevo y después bloqueó el número desde el que le había llamado, el centro de reclusión, para que no pudiera volver a localizarlo. Sus palabras le dolían. Sabía que no tenía un atractivo fuera de lo común. Se dio la vuelta y se fue a trabajar, aunque no prestó atención a lo que estaba haciendo. Lo cual fue una lástima.

Morie estaba caminando por el granero con su padre y con su hermano. No había dicho ni dos palabras en toda la mañana.

221

Cort era tan alto como su padre, con el pelo y los ojos negros. A Morie le parecía muy guapo, aunque fuese su hermano. En aquel momento la miró con los párpados entornados.

—No sigas pensando en ese maldito tipo de Wyoming —le dijo con vehemencia—. No se merece que pienses en él.

—Amén —murmuró King Brannt.

—Ninguno de los dos sabéis nada sobre él —respondió Morie sin levantar la mirada—. Tiene cosas buenas. Se dejó engañar por Gelly Bruner.

—Sus hermanos no —respondió King.

—El amor ciega a los hombres —dijo Morie con más dolor del que pretendía—. Mallory está enamorado de Gelly.

Ambos se quedaron mirándola.

King, que no era en absoluto cariñoso, le pasó un brazo por encima y la estrechó contra su pecho.

—Daryl será un buen marido —le dijo con firmeza.

—Lo sé —respondió ella con una sonrisa.

—Si ella no le ama, no lo será —intervino Cort.

—Se supone que tú estás de mi lado —le dijo su padre.

—Estoy de tu lado, pero ella es mi hermana y la quiero. No es buena idea meterse en una nueva relación cuando no has zanjado la anterior.

—Yo nunca he tenido una relación con ese horrible ganadero —murmuró Morie.

King la soltó y la miró a la cara.

—¿Estás segura?

—Estoy segura.

King arqueó una ceja.

—Te miraba como miro yo un filete bien jugoso

cuando tu madre lleva dándome pollo toda una semana.

A Morie le dio un vuelco el corazón.

—¿De verdad?

—Y además me desafió —añadió su padre.

—Creí que no te caía bien —dijo Morie.

—He recibido noticias del detective privado —continuó King—. Parece ser que la señorita Bruner está en prisión esperando el juicio por robo, junto con uno de los vaqueros de los Kirk. El criminal fugado que están buscando también está en la lista, pero aún no lo han encontrado.

—Ha salido en las noticias esta mañana —dijo Cort—. Lo están buscando con perros.

—Me da pena Tanque —respondió Morie—. Joe Bascomb era su amigo.

—¿Tanque? —preguntó Cort.

—Se enfrentó a un tanque en Irak y sus hombres le pusieron ese mote.

—Supongo que es mejor que Tinaja —dijo su hermano.

Tinaja era como llamaban a uno de sus empleados, que era increíblemente delgado y el mejor vaquero que habían tenido nunca. Nadie sabía cómo había acabado con aquel mote.

—Han dicho que Bascomb le había dicho a un miembro de su familia que tenía una cuenta que saldar antes de que le atraparan, y que no le pillarían vivo.

Morie sintió un escalofrío por los brazos. Fue como si supiera que algo terrible estaba a punto de ocurrir y no tuviera manera de impedirlo.

—Me siento extraña —murmuró.

—¿Extraña? —preguntó su padre.

Antes de que pudiera responder, Shelby entró en el granero con unos vaqueros y una camiseta de manga corta. Tenía el ceño fruncido.

—¿Qué sucede, cariño? —preguntó King, que la conocía bien. La estrechó entre sus brazos y le dirigió una sonrisa—. ¿Puedo ayudarte?

Ella negó con la cabeza y miró a Morie con pesar.

—Se trata del ganadero para el que trabajabas. Mallory Kirk.

El corazón le dio un vuelco.

—¿Qué pasa con él?

—El criminal que se fugó lo ha secuestrado en su propio rancho. Dice que va a matarlo... ¡Morie!

Morie no la oyó. Se desmayó allí mismo.

CAPÍTULO 12

Si a su familia le sorprendió que se desmayara al enterarse de que habían secuestrado a Mallory, su siguiente movimiento les horrorizó a todos. Anunció que tenía pensado volar a Wyoming.

—¿Qué diablos crees que puedes hacer que no puedan hacer los agentes de la ley? —le preguntó su padre acaloradamente.

—Puedo hablar con Joe Bascomb —respondió ella.

—Nadie puede hablar con él. Está desesperado —su hermano intentó razonar con ella—. Puede que te secuestre y te mate a ti también.

—No lo hará —contestó ella. Estaba segura—. Yo hablé con él. Compartí mi almuerzo con él. A mí me hará caso.

Shelby no había dicho nada aún. Estaba observando, escuchando, preocupándose.

—Mamá, ¿recuerdas cuando el viejo Hughes se emborrachaba? —preguntó Morie—. ¿Recuerdas a quién llamaban para que le sacase de los bares y evitase que se metiese en peleas? A mí. Siempre hacía lo que yo le pedía, sin importar lo loco que estuviera o lo malo que fuera.

—Sí, lo recuerdo —dijo Shelby—. Se te da bien la gente.

—Joe Bascomb no hará caso a ningún hombre —añadió Morie—. Pero puede que haga caso a una mujer.

—No permitiré que te pongas en peligro —le dijo su padre.

Morie se acercó a él.

—Sí lo harás, papá —le dijo con ternura—. Porque es lo que harías tú en mi lugar, y lo sabes. Amo a Mallory Kirk. Puede que sea un ingenuo, puede que sea un desastre de hombre, pero no puedo permitir que muera y no intentar salvarlo.

King tomó aliento.

—Supongo que no.

Morie se quitó el anillo de compromiso y se lo entregó a su padre.

—Por favor, devuélveselo a Daryl y dile que sí que he encontrado a alguien mejor, pero solo porque es un hombre al que amo. Él lo entenderá.

—Lo hará —convino King—. Les diré que preparen el avión.

—Gracias.

Su padre le dio un beso en la frente.

—No dejes que te maten —le dijo muy en serio.

—No lo haré. Lo prometo —le aseguró Morie antes de abrazarlos a los tres.

—Podría ir contigo —se ofreció Cort.

—No necesitan a más hombres problemáticos de los que ya tienen —murmuró King—. Tú te pareces demasiado a mí. Pondrías a todo el mundo muy nervioso.

Cort se encogió de hombros, pero no contradijo a su padre.

—Ten cuidado —le dijo a Morie tirándole del pelo.
—Lo haré. Lo prometo.

Llamó a Tanque desde el aeropuerto. Cane y él fueron a buscarla. Pero, cuando les explicó lo que deseaba hacer, se opusieron.

—De hacer caso a alguien, me haría caso a mí —argumentó Tanque.

Estaba demacrado, igual que Cane. Habían sido un par de días duros desde que Mallory saliera a revisar las vallas situadas junto a la vieja cabaña y no regresara. Joe Bascomb había llamado horas más tarde y les había dicho que tenía a Mallory y que iba a matarlo por estropear sus planes. Tanque le había rogado a su amigo que no lo hiciera, pero Joe había respondido que no tenía nada que perder y que no volvería a hablar con ellos. Después había colgado el teléfono.

—Puede que Mal ya esté muerto —dijo Tanque con pesar—. No tenemos manera de saberlo.

—No creo que lo esté —respondió ella, sin explicar por qué lo pensaba. En su interior sabía que Mallory seguía con vida. Lo sabía.

—Ni siquiera sabes cómo encontrar a Joe, en caso de que te permitiésemos intentarlo —le recordó Cane.

—Sí que lo sé —respondió ella—. Iré a la cabaña y le esperaré. Vendrá. La tiene vigilada.

Ambos fruncieron el ceño.

—Ahí es donde secuestró a Mal —dijo Cane—. Vimos restos del forcejeo.

—¿Por qué la cabaña? —preguntó Tanque.

—Tiene provisiones, ¿verdad? —dijo Morie—. Tiene hasta una cama. Y nadie se queda allí salvo cuando es necesario. ¿Dónde creéis que ha estado viviendo? ¿En una cueva?

—Ya has dicho anteriormente esa teoría —murmuró Tanque.

—Por entonces mi credibilidad aquí andaba por los suelos —contestó ella con ironía.

Ambos parecieron arrepentidos.

—Sé que vosotros dos creíais que era inocente —les dijo—. Gracias.

Cane se quedó mirándola con curiosidad.

—Mallory dijo que resplandecías como una joya en casa de tu familia. La hija de Kingston Brannt revisando vallas en un rancho. Apenas podíamos creerlo.

—Mi padre no me dejaba acercarme al ganado —explicó ella, encantada con la descripción que Mallory había hecho sobre ella—. Mi hermano tampoco. Y, además, los hombres me pretendían por el dinero de mi padre. Necesitaba un descanso.

—Mallory ha estado torturándose desde que volvió a casa —le dijo Tanque—. Cree que es demasiado feo para atraer a una mujer por sí mismo, así que solo desean su dinero.

—No es feo. Estúpido sí —murmuró ella—. Idiota. Desconfiado. Temperamental…

—Eso ya lo sabemos —admitió Cane—. Pero le queremos.

Morie los miró con tristeza.

—Sí. Yo también. Por eso he venido. Y no me disuadiréis. Llevo razón.

—Si Joe no mata a Mal —dijo Tanque—, y si finalmente le deja libre, entonces él nos matará a nosotros por dejarte correr ese riesgo.

—Ya nos enfrentaremos a eso cuando llegue el momento. Ahora necesito cambiarme de ropa, subirme a un caballo e irme a la cabaña.

—Está lloviendo a mares —le informó Cane.

—Da igual. ¡He traído chubasquero!

También había llevado cinco mil dólares en billetes grandes, con los que pensaba tentar a Joe para que liberase a Mallory. Era un riesgo calculado. Quizá se quedara con el dinero y con ella, y los matase a los dos. Pero estaba dispuesta a correr un riesgo que él no iba a correr. Bascomb era una persona básica. Necesitaba dinero y estaba furioso por haber sido engañado. Pero aun así necesitaba el dinero y tal vez negociara. El sheriff estaba acercándose. Joe tendría que huir deprisa. No sabría que Morie ya había hablado con el sheriff, que también era amigo del tío Danny, y le había explicado su plan. El sheriff tendría a dos agentes gubernamentales ocultos en el bosque vigilando la cabaña. No podía contarles eso a los hermanos Kirk, por si acaso se les escapaba la información.

Darby se disgustó cuando le pidió que le ensillara el caballo.

—No puedes hacer eso —protestó mientras ella guardaba en las alforjas una bolsa con galletas y un termo de café que Mavie había preparado para su viaje—. ¡No podéis permitir que lo haga! —les exhortó a los dos hermanos.

—Sí que pueden, Darby —le dijo Morie amablemente—. No permitiré que Joe mate a Mallory. Da igual lo que tenga que hacer para salvarlo.

—No está bien.

—Sí lo está. Tú reza por mí, ¿de acuerdo?

—Rezaré sin parar —le prometió Darby—. Ojalá hubiera sabido quién eras desde el principio. Jamás te hubiera dejado ir a revisar las vallas.

—Si no lo hubieras hecho, no habría conocido a Joe Bascomb y no tendría la posibilidad de convencerlo para liberar a Mallory. Las cosas salen como tienen que salir. Hay un plan para todo. Un objetivo —dijo ella, y se sorprendió al recordar haberle dicho eso mismo a Joe.

Se subió al caballo preparada para iniciar su camino. La lluvia resbalaba por el impermeable y el ala del sombrero. Además estaba oscureciendo, pero no dejaría que eso la desanimase. Llevaba una linterna en las alforjas.

—Intentad no preocuparos. Os llamaré en cuanto sepa algo —llevaba un teléfono móvil en el bolsillo del impermeable.

—Si no sabemos nada de ti dentro de una hora, iremos para allá —le advirtió Tanque.

Ella asintió.

—Me parece justo.

Dio la vuelta al caballo y salió galopando hacia la cabaña. Solo le quedaba la esperanza. Pero la esperanza era lo último que perdería.

Morie se detuvo frente a la cabaña y bajó del caballo. Sacó de las alforjas las galletas, el termo, el dinero y la linterna.

Advirtió un movimiento en la cortina. Estaba en lo cierto. Joe se encontraba en esa cabaña. Se preguntó si tendría a Mallory allí y rezó para que así fuera. Si ya lo había matado, su vida no valdría nada.

Subió los escalones y abrió la puerta. Se encontró cara a cara con el cañón de una escopeta cargada.

—¿Qué estás haciendo aquí? —preguntó Joe Bascomb.

Morie sentía náuseas y estaba aterrorizada, pero no se atrevía a demostrarlo. Así que se limitó a sonreír.

—Te he traído una cosa.

Él parpadeó y la escopeta se tambaleó ligeramente.

—¿Me has traído una cosa?

Morie asintió.

Él vaciló. Ella miró a su alrededor. Mallory no estaba allí. El corazón le dio un vuelco. ¿Y si ya estaba muerto? Joe bajó la escopeta.

—¿Qué me has traído? —preguntó.

—¿Mallory Kirk sigue vivo?

Joe tomó aliento y se quedó mirándola.

—¿Sigue vivo? —repitió ella con la voz más temblorosa.

Joe le puso el seguro a la escopeta y la dejó sobre una mesa larga de madera.

—Sí —respondió tras unos segundos que parecieron horas.

Morie respiró aliviada.

—¿Dónde está?

—Atado a un árbol, a cierta distancia de aquí —respondió él—. Donde nadie puede encontrarlo. Está magullado, porque se enfrentó a mí cuando intenté llevármelo de aquí. Pero no está muerto. Aún —añadió en tono amenazador—. ¿Por qué estás aquí? ¿Cómo sabías dónde encontrarme?

—No lo sabía —respondió ella—. Tenía la esperanza de que regresaras aquí. Es donde nos conocimos, ¿recuerdas?

—Sí.

Morie dejó la bolsa sobre la mesa, la abrió y sacó dos galletas recién hechas con mermelada de fresas por encima, así como un termo de café caliente.

—Las galletas de Mavie —murmuró Joe con la voz casi rota. Agarró una de ellas y empezó a comérsela con placer. Después dio un trago al café y puso la misma expresión.

—¡Cuando uno vive en el bosque, echa de menos muchas cosas! —exclamó. Después la miró y frunció el ceño—. Es peligroso venir aquí. ¿Por qué te han dejado?

—No podían detenerme —respondió ella sin más mirándolo a los ojos—. Amo a Mallory Kirk.

Eso le hizo sentir incómodo y apartó la mirada.

—No tiene nada de guapo.

—Es lo que tiene dentro lo que le convierte en el hombre que es —respondió ella—. Es sincero, trabajador y nunca miente.

Joe se rio abiertamente.

—Gelly Bruner dijo que me amaba —dijo con frialdad—. La conocí tras la muerte de mi esposa. Quería que le hiciera unas llaves. Dijo que el hombre al que maté le debía mucho dinero, y que el dinero estaba en su casa, en una caja. Le contó mentiras sobre su novia para hacer que la golpeara. Gelly sabía que la mujer me llamaría a mí pidiendo ayuda, porque estaba cerca.

—Santo Dios —murmuró Morie.

—Así que la saqué a ella de la habitación e intenté que el hombre me contara lo del dinero, pero se enfrentó a mí y tuve que matarlo. Gelly dijo que no importaba… que tenía otra forma de ganar aún más dinero. Me habló del huevo de Fabergé, pero yo ya lo sabía porque Tanque me lo había enseñado en una ocasión. Entonces no sabía lo mucho que valía. Así que le quitó las llaves a Mallory y me pidió que hiciera copias para poder entrar en la casa y abrir la vitrina. Tuve que colarme en la herrería de noche y arriesgarme a que me capturasen por ella. Dijo que se haría con el huevo, que lo vendería y que tendríamos dinero para fugarnos. Consiguió la ayuda de un vaquero. Y entonces va, le vende el huevo a un traficante y hace que la arresten. Y yo me quedo sin nada, porque Mallory Kirk llamó a un detective privado y este lo destapó todo.

—Mi padre llamó al detective —dijo Morie—. Primero me culparon a mí del robo.

—¿De verdad?

—Fue Gelly. Y Bates, el vaquero que lo puso en mi mochila.

—No lo soporto —contestó Joe—. Nunca fue mi intención que salieras perjudicada. Fuiste muy amable conmigo. A la gente no suelo importarle.

—Lo siento mucho por ti, de verdad —le dijo ella—. Pero matar a Mallory no resolverá tus problemas. Simplemente hará que te condenen a la pena de muerte.

Joe volvió a reírse. Fue un sonido escalofriante que retumbó en la habitación.

—No volveré. Maté a ese hombre deliberadamente —dijo con la misma frialdad en la mirada que en la voz—. No quería decirme dónde estaba el dinero. Yo quería el dinero para llevar a Gelly de viaje y comprarle cosas bonitas. Decía que me amaba más que a nadie en el mundo. Nadie me había amado desde que mi esposa murió...

Morie sintió que el corazón se le detenía en el pecho. No sabía que Joe hubiera tenido una relación con Gelly. Apostaría a que los Kirk tampoco lo sabían.

—¿Sabías que tenía antecedentes? —le preguntó—. Fue arrestada dos veces y acusada de robo, pero se libró de ir a juicio. Esta vez no tendrá tanta suerte.

—Dijo que tenía otra manera de conseguir dinero, dado que este plan había salido mal —murmuró Joe—. Iba a decir que Mallory la había dejado embarazada —

negó con la cabeza mientras Morie seguía paralizada—. Pero, después de que yo le secuestrara, me dijo que había grabado la conversación con ella en la que admitía que sería mentira, pero que podía hacer que la gente se lo creyera. ¿Cómo puede ser tan estúpida?

Morie se relajó. Por un instante había temido que fuese verdad. ¡Era un alivio! Pero todavía tenía que salvar a Mallory…

—Te he traído algo más —dijo señalando la bolsa de cuero donde llevaba el dinero.

Joe frunció el ceño. Dejó la taza del termo y abrió la bolsa. Se quedó sin aliento.

—¡Esto es una fortuna!

—No tanto. Solo son cinco mil. Es parte de mi herencia. Mi padre posee un gran rancho de ganado en Texas. Su madre me dejó el dinero —se acercó más a él—. Te ayudará a huir, ¿verdad? Entonces, ¿dejarás libre a Mallory?

Él entornó los párpados con desconfianza.

—Los billetes están marcados, ¿verdad?

Ella levantó las manos.

—¿Cómo voy a marcar los billetes? —preguntó exasperada—. Fui directamente desde el banco al aeropuerto y no le dije a nadie lo que iba a hacer con el dinero. ¡Ni siquiera les dije a mis padres que lo había sacado de mi cuenta!

Joe se relajó. Sacó el dinero de la bolsa y lo miró fascinado. Había hecho muchas cosas para lograr salir con vida de aquel condado. Ahora tenía los medios necesarios. Lo único que tenía que hacer era marcharse…

—¿Te han seguido? —le preguntó a Morie.

Ella negó con la cabeza.

—Les hice prometer que no lo harían.

Joe estaba pensando, planeando, maquinando. Con el dinero podría comprarse un coche barato, ropa y comida.

Podría irse a Montana, donde tenía otros amigos que le esconderían. Podría escapar.

Se volvió hacia ella y agarró la escopeta. Por un instante, Morie se preguntó si iba a matarla después de haberle dado el dinero.

—No te haré daño —le dijo de un modo extraño—. Solo quiero huir. No puedo volver a la cárcel. No puedo dejar que me encierren —volvió a mirar el dinero—. Golpee a mi madre con una llave de tuercas. No fue mi intención herirla. No fue mi intención herir a nadie. Pero me dan esos ataques. Me vuelvo loco y no puedo controlarlo. No puedo evitarlo —cerró los ojos—. Tal vez estaría mejor muerto, ¿sabes? Así no haría daño a nadie más.

El pobre Mallory fue amable conmigo en una ocasión, me ayudó porque Tanque se lo había pedido, cuando abandonamos el servicio militar. Tanque era mi amigo. Le mentí. Le dije que me habían tendido una trampa. Pero no era cierto. Yo quería matar a aquel hombre. He hecho cosas terribles. Cosas que nunca quise hacer. Pero no puedo permitir que me encuentren con vida, ¿lo comprendes? No puedo dejar que me encierren.

Ella frunció el ceño.

—Si te entregaras, tal vez podrían conseguirte un psicólogo que te ayudara…

—He matado a un hombre —le recordó él—. Y he secuestrado a otro. Eso significa que intervendrán los federales. Me seguirán hasta el infierno. Podré escapar durante un tiempo. Pero, al final, los federales me atraparán. Una vez conocí a uno. Era como un bulldog. No comía ni dormía, solo buscaba hasta encontrar al hombre en cuestión. Muchos de ellos son así —agarró la otra galleta y el termo de café—. Gracias. Por la comida y por el café. Y por el dinero —vaciló un instante—. Por escucharme.

Nadie me había escuchado nunca, salvo mi esposa. Le pegaba... Dios sabe por qué no me abandonó. Nunca la merecí. Tuvo cáncer. Dijeron que sabía que lo tenía y no quiso tratamiento. Yo sabía por qué. Me amaba, pero no podía seguir viviendo conmigo, y no podía dejarme. ¡Maldita sea! ¡No merezco vivir!

—No debes decir eso —le respondió ella—. La vida es un regalo.

Joe tragó saliva y la miró con unos ojos que ya estaban muertos.

—Cuando era pequeño, mi madre ya sabía que algo me pasaba. Me lo decía. Pero era demasiado orgullosa para contárselo a nadie. Pensaba que era como decir que a ella le pasaba algo malo. Yo era incapaz de aprender nada, ¿sabes? Dejé el colegio porque se reían de mí. Veía las palabras al revés.

Morie se acercó más. No le tenía miedo.

—Lo siento. Lo siento mucho.

Joe apretó los dientes.

—Yo siento haberte implicado en esto. No era tu problema. Mallory está a unos ochocientos metros por el sendero —dijo tras una pausa—. A la derecha, entre unos arbustos. Será difícil encontrarlo, porque yo no quería que lo encontraran.

—Yo lo encontraré —aseguró ella.

Joe se dirigió hacia la puerta, vaciló y se volvió hacia ella.

—¡Es un hombre afortunado! —dijo apretando los dientes. Cerró la puerta y se fundió con la oscuridad.

Morie no perdió un solo minuto. Salió corriendo, se subió al caballo y comenzó a recorrer el sendero que conocía después de pasar semanas revisando las vallas. Mallory estaba por ahí, en alguna parte, empapándose bajo la lluvia. A saber cuánto tiempo llevaría atado. Necesitaría atención médica. Hacía mucho frío, algo fuera de lo normal. El corazón se le aceleró al pensar en la posibilidad de no lograr encontrarlo. Podría pedir ayuda, pero, si Joe seguía cerca y se daba cuenta, podría pensar que le había delatado e intentar matarlos a modo de venganza. No quería correr ese riesgo.

Recorrió lo que consideró que serían ochocientos metros del camino, bajó del caballo, lo ató a un árbol y comenzó a atravesar la maleza. Pero no encontró nada. ¿Y si Joe le había mentido? ¿Y si había matado realmente a Mallory y ella estaba a punto de encontrarse con un cadáver? Sintió el terror crecer en su interior.

Tal vez hubiera calculado mal la distancia. ¡Quizá estuviera más lejos!

Volvió a subirse al caballo y avanzó unos metros más. En algún lugar oyó un sonido, un sonido extraño, como un trueno. Pero no había tormenta. Debía de estar imaginándoselo. Volvió a bajarse del caballo e inspeccionó de nuevo el terreno. Tenía que avanzar despacio porque apenas veía nada y la linterna fallaba. Buscó y buscó, pero no encontró nada. Había árboles por todas partes, pero ninguno con un hombre atado.

—Maldita sea —murmuró, desesperada por encontrar a Mallory. ¿Y si Bascomb había mentido? ¿Si había matado a Mallory y había tirado su cadáver en otra parte? Si un hombre era capaz de matar, también era capaz de mentir.

Tragó saliva y trató de contener las lágrimas. Tenía que pensar positivamente. Joe no mentía. Mallory estaba vivo.

Estaría por allí, en alguna parte. ¡Y ella iba a encontrarlo! Tenía que encontrarlo. Sin él no podría vivir.

Cabalgó unos metros más, se bajó del caballo y volvió a inspeccionar. Pero, una vez más, no encontró nada. Repitió el procedimiento una y otra vez, temiendo pasarlo por alto en un descuido. Podría pedir ayuda cuando amaneciera, pero entonces quizá fuese demasiado tarde...

Siguió por el camino hasta llegar a una curva, se bajó y atravesó la maleza. La linterna comenzó a emitir un brillo amarillento. ¡Se había olvidado de cambiarle las pilas! La agitó y la golpeó con la esperanza de que el impacto volviera a encenderla durante unos minutos más, pero no fue así y la luz comenzó a apagarse.

—¡Maldita sea! —exclamó para sí misma—. Y no tengo pilas de sobra. ¡Qué idiota!

Oyó un sonido y se detuvo. Escuchó con atención. La lluvia sonaba cada vez con más fuerza sobre las hojas, pero fue capaz de distinguir un sonido amortiguado. El corazón le dio un vuelco.

—¡Mallory! —gritó. Al diablo con Joe. No iba a dejar morir a Mal solo porque le diese miedo alzar la voz.

Volvió a oír el sonido amortiguado con más fuerza a su derecha.

Atravesó los arbustos frenéticamente, sin importarle que pudieran arañarle la piel ni rasgarle la ropa. Tropezó con las ramas caídas por el suelo hasta llegar a un lugar donde se alzaban varios pinos.

—¡Mallory! —gritó de nuevo.

—Aquí —su voz sonaba amortiguada y cansada.

Morie apartó unos matorrales que crecían alrededor del árbol y allí lo encontró. Con la cabeza descubierta, pálido, con los brazos atados a la espalda, sentado. Estaba empapado. Tenía el rostro magullado. Pero, cuando vio a Morie, sus ojos se iluminaron de tal forma que ella se quedó sin respiración.

Consiguió quitarle la mordaza que Joe le había puesto. Él tosió.

—¿Tienes algo de beber? —le preguntó con la voz ronca—. Llevo un día y medio sin beber agua...

—No —respondió ella—. ¡Lo siento mucho! —pensó angustiada en el termo de café que le había dado a Joe Bascomb—. Te desataré —se colocó detrás del árbol e intentó soltar los nudos, pero la cuerda de nylon estaba mojada y no cedía.

—La navaja. En el bolsillo izquierdo.

Morie rebuscó en su bolsillo y, mientras lo hacía, sus caras casi se tocaban.

Él le acarició la mejilla con la boca.

—¡Qué chica tan guapa y tan valiente! —susurró—. Estoy orgulloso de ti.

Morie sintió las lágrimas resbalar por sus mejillas. Se agachó y le dio un beso en la boca.

—Te quiero —le dijo—. No me importa el pasado.

Él consiguió sonreír.

—Yo también te quiero, cariño.

—¿De verdad? ¡Oh, Mal! —se inclinó y volvió a besarlo con deseo.

—No es que me queje —murmuró él—. Pero ¿crees que podrías desatarme pronto? Se me han dormido las manos.

—¡Oh, Dios!

Volvió a colocarse detrás del árbol, abrió la navaja y empezó a cortar la cuerda. Mallory tenía las manos blancas. La sangre volvió a fluir por sus venas cuando le soltó.

—¿Puedes levantarte? —le preguntó Morie.

Él lo intentó y cayó al suelo.

—Lo siento —murmuró—. Las piernas también se me han dormido.

Era evidente que sufría cierto grado de congelación y a saber qué otras lesiones le habría causado Joe.

—Pediré ayuda —dijo ella mientras sacaba su teléfono móvil.

De pronto aparecieron unas luces brillantes a su alrededor y se acercaron unos hombres.

—¿Señorita Brannt? —preguntó alguien.

—¡Sí! —exclamó ella.

Se fijó entonces en un hombre alto de pelo oscuro. Llevaba vaqueros y una cazadora de ante. Tenía el pelo recogido con una coleta y una expresión sombría.

—Soy Ty Harding. Trabajo para Dane Lassiter.

—Hola, Harding —dijo Mallory—. Me alegro de verle.

—Puedo dejar atrás a cualquiera de estos federales —respondió para tomarles el pelo a los otros dos hombres—, así que me ofrecí para ayudar con la búsqueda. Jameson, ¿puedes traer un todoterreno hasta aquí?

—Claro. Enseguida vuelvo.

Harding se arrodilló junto a Mallory.

—No creo que pueda volver montado a caballo.

—Probablemente no —convino Mallory—. ¿Tiene agua?

—Yo sí —dijo uno de los federales, y le lanzó una botella a Harding, que se la entregó a Mallory. A Morie le resultaba doloroso ver lo sediento que estaba mientras bebía y se atragantaba por el ansia.

—¡Dios, qué gusto! —exclamó Mallory cuando se terminó la botella—. Llevaba casi dos días atado aquí.

Pensé que iba a morir. Pero entonces ha aparecido un ángel y me ha salvado —añadió mientras le dirigía una sonrisa a Morie—. Mi propio ángel de la guarda.

—Le he dado a Joe Bascomb una bolsa con dinero —le dijo ella a Harding—. Hablé con el sheriff antes de venir, así que él lo sabe. No puedo decirle en qué dirección se fue Joe. Estaba lloviendo...

La expresión de Harding a la luz de la linterna parecía severa.

—No tiene que preocuparse por eso.

—¿Ya lo han atrapado? —preguntó ella.

—No —respondió él—. Lo hemos encontrado. Sentado contra un árbol a un kilómetro de aquí. Muerto.

Morie se quedó sin aliento y un escalofrío recorrió sus brazos. Aquella especie de trueno que había creído oír. ¿Un disparo?

—¿Muerto? —preguntó.

—Se disparó con una escopeta. Dejó una nota —Harding la sacó del bolsillo—. Va dirigida a usted, señorita Brannt.

Con manos temblorosas, Morie desdobló el pedazo de papel. Estaba manchado de sangre. La sangre de Joe. No eran más que unas pocas líneas garabateadas.

*He matado a un hombre y secuestrado a otro por culpa de una mala mujer que solo quería dinero. Nunca volvería a salir de la cárcel. Gracias por ser tan amable cuando nadie más lo fue. Tu hombre es afortunado. Que seas feliz. Tu amigo, Joe.*

Morie se echó a llorar.

Mallory se acercó y la abrazó con fuerza, a pesar del dolor que sentía en los brazos por llevar tanto tiempo atado.

—No pasa nada. Ya ha pasado todo.
—Pobre hombre —murmuró ella.
—Él escogió su vida, señorita Brannt —le dijo Harding.
—No es verdad —respondió ella entre lágrimas—. Tenía dificultades de aprendizaje y todo tipo de problemas psicológicos. Pero no recibió ayuda porque su madre pensaba que dirían que a ella también le pasaba algo malo.
Santo Dios —murmuró Mallory—. Si lo hubiéramos sabido…
—Todos tenemos un objetivo —repitió Morie.
—Así es —convino Harding—. La gente aparece en nuestras vidas por razones que a veces no entendemos. Pero hay un propósito para todo. Incluso para el suicidio de Bascomb.
—Al menos su madre no ha vivido para ver su final —comentó Mallory—. Y hablando de familia, será mejor que empecemos a hacer llamadas. Mis hermanos deben de estar volviéndose locos, por no hablar de tu madre, de tu hermano y del salvaje de tu padre.
—No es salvaje —respondió Morie—. Aprenderás a quererlo.
—¿Eso cree? —preguntó Harding—. He conocido a su padre y tengo serias dudas al respecto.
Ella se rio.
—Usted no lo conoce. Yo sí.
—Una pena para mí, sin duda —admitió Harding, y levantó la mirada cuando apareció el todoterreno—. Vamos a llevarle al hospital, señor Kirk. Tendrán que hacerle un chequeo.
—¿Al hospital? ¡No pienso ir a un maldito hospital! —respondió Mallory mientras le ayudaban a subir al todoterreno.

—Sí que vas a ir —le dijo Morie con firmeza—. Ahora recuéstate y cállate. Vamos a salvarte.

Mallory se quedó mirándola fijamente y después se carcajeó.

—De acuerdo, jefa —murmuró—. Lo que usted diga.

—Recuerda eso y nos llevaremos de maravilla —lo miró batiendo las pestañas y sonrió.

CAPÍTULO 13

Tanque y Cane se reunieron con ellos en urgencias. Abrazaron a su hermano y se quedaron boquiabiertos al saber lo cerca que había estado de la muerte.

—Habéis permitido que fuese a buscarme ella sola —les acusó Mallory.

—Ya nos sermonearás cuando estés mejor —respondió Cane.

—Pero mira lo que ha hecho —añadió Tanque—. Te ha salvado.

—Sí, así es —confirmó Morie—. A pesar de las objeciones de mi hermano, de mi madre, de mi padre, de tus hermanos y de Darby.

—Todos nos sentimos aliviados —dijo Cane con una sonrisa—. Pero ella ha hecho lo que ninguno de nosotros podríamos haber hecho. Bascomb nos habría disparado nada más vernos.

Se oyeron gritos y pasos en el vestíbulo.

—¡Papá! —exclamó Morie, porque reconoció aquella voz.

King Brannt entró en la consulta seguido de una enfermera y de un médico.

—¡Oh, papá! —Morie corrió hacia él y lo abrazó—. Estoy bien. No ha pasado nada.

—¿Dónde está él? —preguntó Shelby desde el vestíbulo.

—Sigue el rastro de cuerpos —respondió Cort con una carcajada.

—¡Mamá! ¡Cort! ¿Qué estáis haciendo aquí? —preguntó Morie mientras los abrazaba a ellos también.

—Salimos diez minutos después de ti —respondió King—, pero no logramos que nadie nos dijera nada. Y ellos —señaló a Cane y a Tanque— no contestaban al maldito teléfono. ¡He tenido que gritarles a un sheriff y a un detective para averiguar algo!

—No deberías gritarle a la gente. No está bien —dijo Shelby con amabilidad.

—¡Está justificado cuando temes que tu hija haya sido asesinada! —exclamó King.

El médico y la enfermera comprendían la ira de King. Sonrieron y se marcharon. Sin embargo el médico regresó un minuto más tarde para examinar a Mallory.

—Congelación, deshidratación, magulladuras en las costillas y un hombro dislocado, pero las pruebas no revelan huesos rotos ni lesiones internas —les dijo—. Ha tenido mucha suerte, señor Kirk. Mucha más suerte que su secuestrador. Le han llevado al hospital local para realizarle la autopsia.

—¿Qué? —preguntó King.

—Se ha suicidado —explicó el médico. Después miró a Morie y negó con la cabeza—. Si mi esposa hubiera hecho lo que ha hecho usted esta noche, le habría echado un buen sermón antes de abrazarla fuertemente. ¿El comportamiento temerario es un rasgo de familia?

—¡Sí, lo es! —exclamó Shelby señalando a su marido y a su hijo.

—Bueno, el señor Kirk se pondrá bien —dijo el médico con una sonrisa—. Solo necesita reposo, algo para el dolor y algunas vendas. Nos encargaremos de eso ahora mismo.

—¿Vendas? —murmuró Mallory—. Si solo son unos cortes. Me hago cosas peores trabajando en el rancho todos los días.

—Yo también —convino King acercándose a él con las manos en los bolsillos—. Hace dos días me golpeó un toro y tuvieron que darme puntos.

—A mí me pisó uno la semana pasada —dijo Mallory—. Esos malditos bichos lo hacen a propósito.

King se quedó mirándolo.

—Será mejor que seas bueno con ella

—Lo seré —le aseguró Mallory.

—Puedes apostar a que sí —añadió Tanque—. O haremos que se divorcie y yo me casaré con ella.

—Puede casarse conmigo si decide librarse de él —dijo Cane señalando a Mallory con el pulgar—. Conservo casi todos los dientes y sé bailar el tango —agregó con seriedad, porque Mallory le había contado que a Morie le fascinaba el baile.

—Yo estoy aprendiendo —protestó Mallory—. Lleva su tiempo. Necesito a alguien que me enseñe.

Morie apretó los labios.

—Creo que estoy preparada para hacerlo.

—Creo que aprenderé más deprisa si me enseñas tú —contestó Mallory con brillo en la mirada—. Y hay algunas cosas que yo puedo enseñarte a ti.

—¿De verdad? —preguntó ella con fascinación fingida.

—Sí. ¡Por ejemplo te enseñaré a no salir en mitad de la noche a buscar a criminales fugados! ¿Y si te hubiera matado?

—Entonces supongo que tendrías que encontrar a otra que te enseñara a bailar el tango —respondió ella sin más.

Mallory suspiró con exasperación.

—¿Ves? —preguntó King—. Ahora ya sabes cómo va a ser. Yo he tenido que soportarla desde que aprendió a decir que no. Ahora te toca a ti.

Morie simplemente se rio.

No regresó a casa con su familia. Se mudó a la casa de los Kirk, a una habitación propia, y Mallory le compró un juego de anillos, pero de esmeraldas en vez de rubíes. Se prometieron, aunque él nunca había llegado a pedirle que se casaran. Shelby se encargó de las invitaciones. La ceremonia se celebraría en el rancho de Texas.

La noche antes de que volaran hasta allí, Mallory la tenía sobre su regazo, sentados los dos en el sillón reclinable del salón después de que sus hermanos se hubieran ido a la cama. La besó con pasión.

—Me muero de hambre —murmuró mientras deslizaba las manos por debajo de su blusa—. Nunca en mi vida había tenido tanta hambre.

Ella sonrió bajo sus besos.

—Yo tampoco.

—Pero vamos a esperar de todos modos.

—Sí —respondió ella riéndose.

Mallory levantó la cabeza. Respiraba entrecortadamente.

—Recuérdame otra vez por qué vamos a hacerlo, cuando nadie más lo hace.

—El hecho de que todo el mundo lo haga no significa que esté bien a los ojos de la gente que tiene fe —respondió ella—. Yo quiero una noche de bodas. Una de verdad. No una noche como cualquier otra que sucede después de la ceremonia. Yo quiero llevar encaje en mi vestido, quiero sentir la excitación de la ceremonia y del banquete, la anticipación al pensar en lo maravillosa que será la noche que me espera. Solo hay una primera vez. La mía va a ser justo como la deseo. Punto.

Él suspiró resignado.

—A veces los principios son un fastidio.

Morie se inclinó hacia delante y le mordisqueó el labio inferior.

—Te alegrarás de haber esperado.

—¿Estás segura de eso?

—Segurísima.

—De acuerdo. Me daré una ducha fría, me tomaré una cerveza aún más fría y me iré a la cama.

—Buen chico.

—No es que quiera —respondió él con resignación.

—Eres un buen chico. Y será un orgullo ser tu esposa.

Mallory sonrió.

—Mi preciosa Morena —susurró—. Casada con el hombre más feo de Wyoming.

—Mentiroso —contestó ella—. Para mí eres el hombre más guapo del planeta.

—¿Yo? —preguntó él con las cejas arqueadas.

—Tú. No es tu aspecto el que te hace guapo. Es el hombre que eres.

Mallory se sonrojó.

Ella sonrió, volvió a besarlo y se puso en pie.

—Saldremos mañana temprano. Ya sabes que Mavie y Darby tienen que venir también.

—Ellos también lo saben. Ya han hecho la maleta.

Morie se puso seria un momento.

—Siento mucho lo de Gelly. Dicen que probablemente le caigan veinte años si la condenan.
—Yo siento haberte culpado —respondió él abrazándola—. Estuve a punto de cometer un error terrible. Me tenía completamente cegado.
—Pero te despertaste a tiempo. Eso es lo que cuenta.
—Supongo que sí.

La boda fue el mayor evento que Branntville recordaba desde que Shelby Kane se casara con King Brannt. La lista de invitados era increíble. Incluía a estrellas de cine, presentadores de televisión, deportistas de élite, políticos e incluso miembros de la realeza europea.

Daryl estaba invitado. Había ido antes para darles la enhorabuena y para decirle a Morena que se alegraba por ella. No le había ofendido que Morena le enviara los anillos en vez de entregárselos en persona, sobre todo después de saber que había arriesgado su vida para salvar a Mallory. Simplemente se alegraba de que estuviese a salvo.

Sin embargo, ahora que ya no estaba prometido, sus padres insistían de nuevo en casarlo con cualquier mujer de buena familia. Le contó que se había resignado a dejar que le persiguieran por su dinero. Pero, bueno, quizá le encontraran alguien realmente agradable. Como ella. Mallory se mantuvo a su lado mientras hablaban. Finalmente Daryl le estrechó la mano y, tras varios minutos, todos sonrieron.

Para la ceremonia, Morena se puso un vestido de diseño que uno de los antiguos compañeros de su madre había hecho para ella. Iba radiante y su amor se reflejaba en su cara. Llevaba el pelo adornado con flores blancas bajo un velo de fantasía con reflejos perlados que le cubría la cara. El vestido era tradicional, con mangas abombadas, escote redondo y una larga cola. Además iba adornado con encaje belga de importación. Las joyas pertenecían a la colección de su madre, y además llevaba un broche en el pelo que le había prestado su dama de honor, Odalie Everett, que caminó hacia el altar orgullosa del brazo de Cane Kirk, ignorando significativamente a Cort Brannt durante el recorrido.

En el órgano sonó la marcha nupcial mientras Morena caminaba por el pasillo de la capilla del rancho hacia Mallory Kirk, que estaba en el altar con sus hermanos como padrinos. Ella llevaba un ramo de rosas blancas y amarillas atadas con una cinta amarilla. Miró a Mallory y estuvo a punto de tropezar al ver la expresión de amor en su mirada. «Qué camino tan largo hemos recorrido», pensó.

Lo miró a los ojos y el resto de la ceremonia pasó tan deprisa que apenas se dio cuenta. Dejó que le pusiera el anillo en el dedo, dijo las palabras apropiadas y observó cómo su marido le apartaba el velo de la cara y la veía por primera vez como esposa. Era una tradición antigua y hermosa que ambos valoraban, en una época en la que el mundo en general ridiculizaba las tradiciones.

—Mi preciosa esposa —susurró con una sonrisa antes de inclinarse para darle un beso.

Ella le devolvió el beso y suspiró como si tuviera el mundo a su alcance. Y así era.

El banquete fue divertido. Se ofrecieron tarta el uno al otro, posaron para la prensa y para el fotógrafo de la boda y bailaron al son de la música que tocaba la orquesta.

—¡Qué camino tan largo hemos recorrido! —le susurró Mallory al oído mientras bailaba con ella el vals.

251

—Es curioso. Yo pensaba lo mismo cuando estábamos en el altar —respondió ella.
—Ya empezamos a leernos el pensamiento —bromeó él.
Ella asintió y lo miró a los ojos. La electricidad que había entre ellos vibraba como una corriente subterránea. Aguantó la respiración al ver la intensidad de su mirada.
—Aún no —susurró.
Él asintió sin dejar de mirarla a los ojos.
—Aún no.

Dos largas horas más tarde, se subieron a una limusina que les llevaría a San Antonio, donde pasarían la noche de bodas. Al día siguiente se irían al Caribe, a una isla privada propiedad de un amigo que les prestaba su finca durante una semana. Sería una luna de miel de ensueño. No tendrían nada que hacer salvo conocerse mejor y tomar el sol. Morena estaba deseándolo.

Entraron en la suite que Mallory había reservado. Le dieron propina al botones. Cerraron la puerta. Desconectaron el teléfono. Mallory agarró a Morena por la cintura y la miró a los ojos durante largo rato.

Después estiró el dedo índice y le rodeó con él un pezón, que de inmediato se endureció.

—Llevo semanas soñando con esto —susurró.
—Yo también —respondió ella, casi sin aliento.

Mallory se inclinó y frotó la nariz contra la suya. Aumentó la presión del dedo índice y después lo retiró.

—Me has hecho esperar —susurró—. Ahora voy a hacerte esperar yo a ti.

La besó en la boca lentamente, con una maestría que ella empezaba a reconocer. Fue bajándole el vestido con determinación y le quitó el sujetador. Cubrió su cuerpo de besos hasta llegar al vientre. Ella gimió al sentir sus manos deslizándose hacia abajo.

Mallory la soltó el tiempo suficiente para retirar las sábanas de la cama. La tomó en brazos, le dio un beso y la dejó sobre el colchón. Devoró su cuerpo desnudo con la mirada mientras se quitaba la chaqueta y la corbata, que dejó caer sobre una silla. Sonrió mientras se desabrochaba la camisa y dejaba ver un torso ancho y musculoso cubierto de vello negro y rizado.

Ella pensó en cómo sería sentirlo sobre sus pechos desnudos y se movió impaciente sobre las sábanas, temblorosa bajo la intensidad de su mirada.

Mallory se rio suavemente.

—La anticipación es divertida —murmuró.

—Eso lo dirás tú —contestó ella.

Él se quitó los zapatos, los calcetines, el cinturón y el pantalón. Después, muy lentamente, los boxers negros que llevaba.

Ella se quedó mirándolo con las mejillas encendidas. Había visto fotografías. Casi todas las mujeres lo habían hecho, aunque solo fuera mirando una revista por encima del hombro de un compañero de clase. Pero nunca había imaginado que los hombres fuesen tan, tan...

Mientras lo observaba con admiración su miembro comenzó a hincharse.

Mallory se tumbó en la cama junto a ella.

—Como ya habrás notado —le susurró con voz aterciopelada—, estoy algo más dotado que la mayoría de los hombres. Pero no te haré daño, te lo prometo.

—No tengo miedo.

—Tonterías —contestó él antes de besarle los pechos—. Claro que lo tienes. Es la primera vez.

—Claro que lo tengo —admitió ella—. ¿No te importa?
Él levantó la cabeza y la miró extrañado.
—¿El qué?
—Leí un artículo —confesó ella—. Algunos hombres decían que no querían acostarse con una mujer virgen porque no querían tener que preocuparse por las complicaciones...
—¿De verdad? —Mallory deslizó la mano por su vientre y sonrió cuando ella intentó apartarla—. Tranquila. Esto es parte del juego. No te sientas avergonzada. Es natural lo que sientes.
Ella no sabía lo que sentía. Al principio sorpresa al notar las caricias en un lugar que solo se tocaba cuando se bañaba. Y después más sorpresa, porque, cuando Mallory movió la mano, experimentó tanto placer que no pudo evitar gritar y agarrarse a sus brazos.
—Inesperado, ¿verdad? —preguntó él—. Pero mejorará.
Le besó los pechos mientras la tocaba. La saboreó y la exploró en un auténtico festín para los sentidos mientras ella se arqueaba hacia la fuente de todo aquel placer.
—Puede que esto resulte un poco incómodo —susurró contra su boca mientras volvía a mover la mano.
Al principio ella se tensó. Pero, cuando se dio cuenta de lo que estaba haciendo, no se resistió. Se recostó y se mordió el labio inferior hasta que terminó.
Cuando Mallory apartó la mano, dejó un rastro de sangre. Alcanzó una caja de pañuelos de papel situada en la mesilla y lo limpió sin dejar de mirarla a los ojos.
—No ha sido tan malo —susurró ella.
Él asintió.
—Así te dolerá menos cuando esté dentro de ti —su-

surró mientras se colocaba encima. Le separó las piernas y miró hacia abajo—. Iré despacio.

—De acuerdo.

Morena levantó los brazos hacia él y recibió el roce de su torso contra sus pechos. Abrió la boca al sentirlo en su lugar secreto, ese lugar oscuro que nunca había experimentado un contacto parecido. Le clavó las uñas en los brazos cuando empezó a frotarse contra ella.

—No estés nerviosa —le dijo él—. No hay de qué preocuparse.

Deslizó la mano entre sus cuerpos y la tocó. En esa ocasión, no se tensó. Levantó las caderas y se estremeció de placer. Gimió y cerró los ojos para poder saborearlo. La presión aumentaba poco a poco, atormentándola, haciendo que se volviera loca de placer.

—¡Por favor! —gritó.

—Sí.

Apartó la mano y la reemplazó con su cuerpo. La penetró deliberadamente, con decisión, apoyándose en su antebrazo mientras la recolocaba para hacerle sentir más placer y guiar sus movimientos.

Ella gimió. La tensión aumentaba cada vez más. No podía pensar. Apenas podía respirar. Se concentró en su cara, que se acercaba y se alejaba al ritmo de las embestidas de sus caderas. Se estremeció mientras el placer crecía y crecía, hasta que todo su mundo quedó reducido al sonido de sus cuerpos deslizándose el uno contra el otro, al roce de las sábanas mientras se movían encima, a sus respiraciones entrecortadas.

—Mallory —murmuró ella entre gemidos mientras se estremecía y se arqueaba.

—Ahora, cariño —susurró él, aumentó el ritmo y no pudo seguir controlándose—. ¡Ahora, ahora, ahora!

Ella gritó y se aferró a él mientras se movía, desesperada por sentirlo dentro, ansiosa por notar sus embestidas con más profundidad, con más fuerza, cada vez más ardientes.

Le clavó los dientes al alcanzar el clímax, su cuerpo se convulsionó y se dejó llevar por un placer que jamás hubiera pensado que pudiera existir. Apenas fue consciente de los movimientos de Mallory, de sus gemidos de placer cuando se lanzó al abismo con ella. Se abrazaron extasiados.

Y ni siquiera entonces pudieron parar. Ella levantó las caderas para rogarle más.

—Oh, no pares.

—No puedo —susurró él con una carcajada profunda—. Ha sido maravilloso. Pensé que me iba a morir.

—¡Yo también!

Mallory levantó la cabeza mientras seguía moviéndose dentro de ella, viendo cómo su placer crecía de nuevo. Se quedó encantado con su respuesta, pues no parecía querer parar en absoluto.

—Adelante, regodéate —susurró ella.

—Te quiero —respondió él antes de besarla—. Mi esposa sexy, guapa y valiente. Moriría por ti.

Ella lo abrazó con fuerza.

—Yo también moriría por ti.

—Estoy agotado, cariño —susurró él contra sus labios—. Pero puedo aguantar un poco más. Te daré todo el placer que quieras, ¿de acuerdo?

Ella no le oía ni le comprendía. Sentía en su interior un calor tan intenso que creía que iba a arder hasta morir. Pero finalmente se estremeció una última vez y la tensión explotó. Se derrumbó bajo su cuerpo con un suspiro tembloroso.

Él se echó a un lado y la abrazó.
—¿Satisfecha?
—Sí. No lo comprendo —susurró ella contra su garganta.
—Las mujeres tardan más que los hombres —le explicó Mallory—. Pero un hombre queda agotado y tarda un tiempo en poder volver a hacerlo. A las mujeres les dura más la pasión.
—Ah.
Mallory levantó la cabeza y la miró a los ojos.
—Tenías razón.
—¿Sí? ¿En qué?
—En lo de esperar —contestó él antes de besarle los párpados—. Ahora siento haber estado con otras mujeres antes de haberte conocido.
—Yo no sé si lo siento —respondió ella.
Mallory arqueó las cejas.
—Eres muy, muy bueno en la cama —explicó ella—. Desde el punto de vista de una principiante, quiero decir. Tenía miedo —confesó—. Había oído historias terribles de mujeres en su noche de bodas. Mujeres que decían que los hombres perdían el control y les hacían daño.
—Oh, yo no podría hacerte daño —respondió él con suavidad antes de volver a besarla—. Te quiero demasiado. Tenía que ser agradable para ti, de lo contrario no habría sido agradable para mí en absoluto.
Ella sonrió perezosamente y se acurrucó junto a él, pero de pronto puso cara de dolor.
—¿Te duele? —preguntó Mallory.
Ella se sonrojó.
—Es un efecto secundario de la pasión y de la abstinencia —contestó él riéndose—. No te preocupes. Un par de días de reposo y estarás bien. Mientras tanto, po-

dríamos pensar en pedir algo de comer y ver algo en la tele. ¿Qué te parece?

Ella se incorporó y asintió.

—Puede que sea buena idea.

Mallory se levantó, se estiró y sonrió al ver su mirada de admiración. La tomó en brazos y la llevó al cuarto de baño.

—Pero primero podemos darnos una ducha relajante y jugar a los médicos.

Ella se echó a reír. El matrimonio no solo era un festín de pasión, sino también la cosa más divertida que jamás había experimentado.

Una semana más tarde estaban bailando tango en un exclusivo club de Jamaica, junto a la playa.

—Te dije que aprendería rápidamente si tenía la maestra apropiada —bromeó Mallory antes de darle un beso en la oreja mientras se movían por la pista.

—Así es. Y lo has hecho.

—Tú también —susurró él.

Ella lo miró con picardía.

—Hoy he comprado un libro.

—¿Un libro? ¿Qué clase de libro?

—Es un libro detallado sobre cómo... cómo hacer cosas. Con tu marido.

—Yo no tengo marido —se quejó él—. ¿Qué pasa conmigo?

—Es un libro para mujeres sobre cómo hacer cosas con sus maridos —le informó ella—. Es muy detallado.

—¿Tiene dibujos? —preguntó él.

—No necesita dibujos.

—Entonces, ¿puedes demostrármelo?

Ella se carcajeó.

—Me parece que sí.

—¿Ahora? —preguntó Mallory tras detenerse en mitad de la pista de baile.

—¿Aquí? —preguntó ella horrorizada.

—¿Cómo te atreves? Soy un hombre decente.

—No puedes ser decente si quieres que te demuestre lo que he aprendido —contestó ella con una sonrisa.

—Esto se pone cada vez mejor. ¿Nos vamos?

Mallory le ofreció el brazo y ella lo entrelazó con el suyo mientras se reía.

—Puede que me lleve algo de tiempo —dijo mientras abandonaban el local—. Creo que todavía no me lo sé de memoria.

—Prometo no quejarme, tardes el tiempo que tardes —le aseguró él.

Y tardó mucho tiempo. Pero él mantuvo su promesa y no se quejó. Ni una sola vez.

## Últimos títulos publicados en Top Novel

De repente, un verano – ROBYN CARR
Empezar de nuevo – ISABEL KEATS
Una luz en el mar – SUSAN WIGGS
Los Mackenzie – LINDA HOWARD
Una rosa en la tormenta – BRENDA JOYCE
Sabor a peligro – LORI FOSTER
Entre las azucenas olvidado – GEMA SAMARO
Cierra los ojos… – SUSAN WIGGS
Más allá del odio – DIANA PALMER
Historias nocturnas – NORA ROBERTS
Vacaciones al amor – ISABEL KEATS
Afterburn / Aftershock – SYLVIA DAY
Las reglas del juego – ANNA CASANOVAS
Luz de luna – ROBYN CARR
Cautivar a un dragón – LIS HALEY
Damas y libertinos – STEPHANIE LAURENS
Spanish lady – CLAUDIA VELASCO
Mi alma gemela (Mo anam cara) – CAROLINE MARCH
Corazones errantes – SUSAN WIGGS
Cuando no se olvida – ANNA CASANOVAS
Luces de invierno – ROBYN CARR
Nada más verte / Nunca es tarde – ISABEL KEATS
Amor en cadena – LORRAINE COCÓ
Una rosa en la batalla – BRENDA JOYCE
Tormenta inminente – LORI FOSTER
Las dos historias de Eloisse – CLAUDIA VELASCO

Made in the USA
Monee, IL
03 May 2026

49438746R00156